职业教育财经类专业新课改精品教材系列丛书

出纳与资金管理

丛书主编　林云刚

本册编著　林云刚　徐智凌

电子工业出版社
Publishing House of Electronics Industry
北京·BEIJING

内 容 简 介

本书主要内容包括出纳相关知识与出纳工作交接、原始凭证的填制和审核、记账凭证的填制和审核、现金收支业务的处理、银行存款收支业务的处理、日记账的登记、现金与银行存款的其他业务。本书突出职业导向的教学理念，实战性强。本书还配有《出纳与资金管理配套实训》。

本书既可作为职业院校财经类专业的教材，又可作为在职出纳人员的自学教材和培训用书。

未经许可，不得以任何方式复制或抄袭本书之部分或全部内容。
版权所有，侵权必究。

图书在版编目（CIP）数据

出纳与资金管理 / 林云刚，徐智凌编著. -- 北京：电子工业出版社，2024. 6. -- ISBN 978-7-121-48208-3

Ⅰ. F830.45

中国国家版本馆 CIP 数据核字第 2024CA7058 号

责任编辑：王志宇　　　特约编辑：田学清
印　　刷：三河市兴达印务有限公司
装　　订：三河市兴达印务有限公司
出版发行：电子工业出版社
　　　　　北京市海淀区万寿路 173 信箱　　邮编　100036
开　　本：880×1 230　1/16　印张：8.25　字数：201 千字
版　　次：2024 年 6 月第 1 版
印　　次：2024 年 8 月第 2 次印刷
定　　价：35.00 元

凡所购买电子工业出版社图书有缺损问题，请向购买书店调换。若书店售缺，请与本社发行部联系，联系及邮购电话：（010）88254888，88258888。

质量投诉请发邮件至 zlts@phei.com.cn，盗版侵权举报请发邮件至 dbqq@phei.com.cn。

本书咨询联系方式：（010）88254523，wangzy@phei.com.cn。

前言

《出纳岗位实务》已出版6版，自出版以来，深受职业院校财经类专业师生的欢迎和厚爱，读者普遍反映教材契合企业出纳工作的实际，具有很强的实战性和可操作性。随着相关财经法律法规的更新，编著者对《出纳岗位实务》再次进行了全面、系统的修订，并将书名更新为《出纳与资金管理》。本书具有以下特点。

（1）呈现"新"：本书根据2023年以来的税制重新编写，与现行税制一致，相关的结算票据与实际同步。

（2）突出"用"：本书在保持实战性的基础上，注重网银结算，增加了出纳基本技能、银行开户及管理、单据移交、资金报表、外汇业务等出纳技能模块。

（3）扫描"看"：本书具有丰富、精美的课程资源，并以二维码形式融入书中，便于读者在线学习。

本书汲取了相关理论研究和实务改革的新成果，经过编著者的精心修订，该书结构更加合理、内容更加新颖、语言更加精练、表述更加准确，是科学、规范、实用的教材。

本套丛书由无锡城市职业技术学院林云刚担任主编。本书由林云刚、徐智凌编著，其中，项目1、6、7由徐智凌编著，项目2、3、4、5由林云刚编著。另外，栾良军（注册会计师）、徐卫东（上市公司财务总监）对本书的编写提出了许多宝贵的、有建设性的指导意见，在此表示诚挚的谢意。

为了方便教师教学，本书配有电子教案、教学指南及习题答案（电子版），请有此需要的教师登录华信教育资源网下载或与电子工业出版社联系（E-mail：hxedu@phei.com.cn），我们将免费提供。此外，本书的配套资源还有微课，请读者扫描书中的二维码进行观看。

由于编著者水平有限，书中难免有不足之处，恳请读者继续提出宝贵意见，以便我们及时更正。

编著者

目录

项目 1　出纳相关知识与出纳工作交接 ··· 1
　模块 1　出纳相关知识 ··· 1
　模块 2　出纳工作交接 ··· 5
　模块 3　出纳基本技能 ··· 10

项目 2　原始凭证的填制和审核 ·· 14
　模块 1　原始凭证的常识 ··· 14
　模块 2　原始凭证的填制 ··· 22
　模块 3　原始凭证的审核 ··· 35

项目 3　记账凭证的填制和审核 ·· 38
　模块 1　记账凭证的常识 ··· 38
　模块 2　记账凭证的填制 ··· 44
　模块 3　记账凭证的审核和装订 ·· 57

项目 4　现金收支业务的处理 ··· 61
　模块 1　现金收入业务的处理 ··· 61
　模块 2　现金支出业务的处理 ··· 64
　模块 3　现金存入银行 ··· 66

项目 5　银行存款收支业务的处理 ·· 67
　模块 1　银行的开户及管理 ··· 67
　模块 2　银行支票结算业务 ··· 69
　模块 3　银行汇票结算业务 ··· 75
　模块 4　银行承兑汇票业务 ··· 84
　模块 5　网上银行 ··· 90

项目 6　日记账的登记 ·· 97
　模块 1　日记账的常识 ··· 97
　模块 2　登记现金日记账 ··· 101
　模块 3　登记银行存款日记账 ··· 105
　模块 4　资金报表的编制 ··· 109

项目7 现金与银行存款的其他业务 ·· 112
　　模块1　现金的清查 ·· 112
　　模块2　银行存款的清查 ··· 114
　　模块3　工资发放 ·· 120
　　模块4　外汇业务 ·· 121

项目1　出纳相关知识与出纳工作交接

模块 1　出纳相关知识

问题 1：什么是出纳？

所谓"出"即支出，"纳"即收入。从专业角度来讲，出纳是按照有关规定和制度，办理本企业的现金收付、银行结算、日记账登记，以及保管库存现金、财务印章、相关票据等工作的总称。

出纳不等同于会计，出纳与会计联系紧密但又并不相同。在日常工作中，财务管理包括两部分工作：一部分是管账，负责核算和监督钱财的收入与使用；另一部分是管钱，负责货币的收入与支出。前者是会计工作，后者是出纳工作。

问题 2：出纳工作有哪些特点？

出纳工作是会计工作的重要组成部分，它具有一般会计工作的属性，但又不同于一般会计工作，有其自身的特点，具体表现在以下几个方面。

（1）专业性。出纳作为一个重要的会计工作岗位，有其专门的操作技术和工作规则。例如，如何填制、审核会计凭证；如何登记现金、银行存款日记账；如何编制银行存款余额调节表；如何收付现金、报销费用；如何签发支票、办理银行结算；如何使用保险柜；如何保管票据、印鉴；如何使用计算机、点钞机、验钞机等。因此，作为一名出纳员，要做好出纳工作，必须加强业务学习，参加职业培训，不断更新知识，熟练使用现代化办公用具，在实践中不断探索，逐步积累经验。

（2）时限性。出纳工作具有很强的时限性。例如，每月要按时发放职工工资；每月要定期将企业银行存款日记账与银行对账单进行核对，并编制银行存款余额调节表；及时登记现金、银行存款日记账并做到日清月结；严格按照规定的时间签发票据等。因此，出纳员必须具有较强的时间观念，及时办理各项业务，保证出纳工作的效率。

（3）政策性。出纳员直接与货币接触，担负着现金收付、银行结算及各种有价证券保管等重要任务，这是一项政策性很强的工作，每一环节都必须依照国家政策、法规和制度办理。例如，进行现金收付必须按照《现金管理暂行条例》办理；处理银行结算业务必须根据《支付结算办法》进行。为此，要做好出纳工作，必须熟悉并掌握相关的政策、法规、制度。

问题3：出纳工作有哪几种组织形式？

合理地设置出纳机构和配备出纳员，是保证出纳工作顺利进行的基础。《中华人民共和国会计法》（以下简称《会计法》）对设置出纳机构和配备出纳员没有做出硬性规定，各单位可以根据自身特点、规模大小和业务繁简自行设定。以制造企业为例，大型企业可在财务处下设置出纳科，中型企业可在财务科下设置出纳室，小型企业可在财务室下配备专职出纳员。配备出纳员也要以业务需要为原则，既要满足出纳工作量的需要，符合内部牵制原则，又要避免出现徒具形式、人浮于事的现象。通常可以采用一人一岗、一人多岗、一岗多人等几种组织形式。

（1）一人一岗。规模不大的单位，出纳工作量不大，可配备专职出纳员一名，这是最为常见的形式。

（2）一人多岗。规模较小的单位，出纳工作量较小，可配备兼职出纳员一名。无条件单独设置会计机构的单位，至少要在有关机构中（如行政单位办公室、后勤部门等）配备兼职出纳员一名，但兼职出纳员不得兼管收入、费用、债权、债务账簿的登记及稽核工作和会计档案的保管工作。

（3）一岗多人。规模较大的单位，出纳工作量较大，可配备多名出纳员。例如，分设管理收付的出纳员和管账的出纳员，或者分设现金出纳员和银行结算出纳员等。

问题4：出纳员的岗位职责是什么？

出纳工作大多涉及现金收支和银行结算等活动,这些活动直接关系到国家、单位和个人的经济利益。出纳工作是会计核算工作的重要环节,处于"前哨"岗位,出纳工作一旦发生差错,就会直接影响后面会计核算工作的准确性。为了保证会计核算工作准确有序地进行,出纳员必须明确自己的岗位职责,保质保量地做好出纳工作。

出纳员的主要岗位职责如下。

1. 严格执行库存现金管理和银行结算制度

(1)库存现金管理。出纳员应严格遵守现金开支范围和库存现金限额制度,做到日清月结,确保每天库存现金的余额不得超过银行核定的限额,超过限额的现金应及时送存银行。如果因为库存现金超过限额被罚款,则罚款由出纳员承担。

注:库存现金限额是指为保证单位日常零星开支的需要,允许单位保留现金的最高数额。

库存现金限额由开户行根据开户单位的实际需要核定。一般按开户单位3~5天的日常零星开支所需现金核定。远离银行或交通不便的单位,可适当放宽限额,但最高不得超过15天。

库存现金限额可用下列公式计算确定:

库存现金限额=(某月现金支付总额-该月支付的工资额)/30×(3~5或15)

(2)不准违反现金管理规定编造用途从银行套取现金。

(3)不准以"白条"(未经领导批准的借款借据)抵充库存现金;不准贪污挪用现金。

(4)随时掌握银行存款余额,不准签发超过银行存款余额的"空头支票"(签发支票的金额超过银行存款的余额)。出纳员开出空头支票发生的罚款,由出纳员负责。

(5)出纳员不得将"空白支票"(未填写支付金额的转账支票)交给其他单位或个人。

(6)不准将银行账户出租、出借给任何单位或个人办理结算业务。

2. 负责办理现金收支和银行结算业务

(1)根据会计审核人员签章的收付款凭证,在经出纳员复核后,才允许办理现金收支和银行结算业务。出纳员复核的内容主要包括核对原始凭证和记账凭证的会计事项是否一致、金额是否相符、内容是否真实。复核无误后再办理现金收支和银行结算业务。

(2)现金收支和银行结算业务办理完毕后,出纳员要及时在收付款凭证上签章,并加盖"收讫"或"付讫"戳记,防止重复记账。

(3)开错的支票,必须加盖"作废"戳记,连同存根一起保存;支票遗失时,出纳员应立即向银行办理挂失手续,并通知相关单位。

(4)对重大的开支项目,如固定资产更新改造、改扩建工程款支出等,须经会计主管人员、总会计师或单位领导审核后,出纳员再办理付款手续。

3. 负责登记现金、银行存款日记账

(1)出纳员应根据已办理完相关业务的收付款凭证,逐笔序时登记现金日记账和银行存款日记账,每日终了结出余额。核对现金日记账余额与实际库存现金,如发现短缺或溢余,

应立即查找原因,做到账实相符;定期核对银行存款日记账余额与银行对账单。出纳员要定期编制银行存款余额调节表,使银行存款余额与对账单余额调节相符。对于未达账款,出纳员要及时查询。

(2)对于现金和银行存款收支业务较多的单位,领导或相关管理部门需要掌握每日现金和银行存款情况的,出纳员还应于每日终了根据现金日记账和银行存款日记账编制现金和银行存款日报表,以反映现金和银行存款的收、支、存情况。

(3)加强内部牵制制度,贯彻钱账分管原则。出纳员除自行填制从银行提取现金或向银行存入现金的收付款凭证外,不得填制其他会计事项的收付款凭证,也不得兼办收入、费用、债权、债务等账簿的登记、核对和会计档案保管工作。

4. 负责保管库存现金、各种有价证券、各种票据和相关印章

(1)出纳员应妥善保管库存现金及各种有价证券,注意保管好保险柜钥匙,离开岗位时要做到人走柜锁,不得将钥匙随意交付他人。对保险柜密码,出纳员应保密。

(2)出纳员应妥善保管空白支票、空白收据,并设立支票、收据领用登记簿,及时办理领用、注销手续。

(3)出纳员应妥善保管收讫和付讫等印章,并严格按规定使用各种印章。

(4)出纳员应核对外埠存款,并及时清理结算或收回。

(5)对于上级主管部门、财政、税务、审计、银行和工商等部门的财务检查,出纳员要负责提供有关资料,如实反映,不得弄虚作假。

问题5:出纳员应具备哪些素质?

出纳工作是一项重要的会计基础工作,出纳员相对于其他会计人员来讲,有其特殊性,具体表现在他每天要与现金打交道。在这种情况下,出纳员如果没有良好的职业道德,没有较高的政策水平,没有熟练的专业技能,就很难适应出纳工作。为此,出纳员必须具备以下素质。

1. 具备良好的职业道德

会计职业道德是会计人员在职业活动中应当遵循的、体现会计职业特征的、调整会计职业关系的职业行为准则和规范。它主要包括以下几方面内容。

(1)爱岗敬业。爱岗敬业是会计职业道德的基础。出纳员应该热爱本职工作,安心本职岗位,全身心投入出纳事业,努力钻研业务,勤学多思、勤练多问,使自己的知识和技能适应所从事工作的要求。忠于职守,不怕吃苦,不计较个人得失,始终保持"对工作极端负责"的工作态度。

（2）廉洁自律。廉洁自律是会计职业道德的前提。出纳员直接掌握一个单位的现金和银行存款，每时每刻都在经受着金钱的诱惑，如果要将公款据为己有或挪作他用，有方便的条件和较多的机会。在目前已经揭露的经济犯罪案件中，出纳员利用职务之便贪污舞弊、监守自盗的情况屡见不鲜。为此，出纳员必须具备良好的职业道德，树立正确的人生观和价值观，遵纪守法，清正廉洁，公私分明，不贪不占，保持廉洁自律的优秀品质。

（3）客观公正。出纳员在工作过程中，必须遵守各种法律、法规、准则和制度，依法办事，保持客观公正的态度，实事求是，不偏不倚，力求做到客观、公平、诚实、可信。在自己的工作权限内，坚持原则，正确处理国家、单位和个人的利益关系，自觉抵制各种不正之风，保护单位的合法权益不受侵犯。

（4）强化服务。强化服务就是要求出纳员具有文明的服务态度、强烈的服务意识和优良的服务质量。出纳员对任何服务对象都要做到态度温和、语言文明、尊重事实、彬彬有礼、谦虚谨慎、以理服人。只有这样，才能履行好出纳岗位的职责，做好出纳工作。

（5）保守秘密。出纳员应保守本单位的商业秘密，除法律规定和单位同意外，出纳员不得私自向外界提供或泄露本单位的会计信息。

2. 具备较高的政策水平

出纳员要做好出纳工作，必须了解、熟悉和掌握国家有关会计、财税、金融法律法规和各项会计制度。出纳员每天处理大量的现金、票据并进行收付结算，哪些结算方式不宜采用，哪些票据不能报销，哪笔金额不能支付等，都必须以相关的法律法规、制度为依据。因此，出纳工作是一项政策性很强的管理工作。作为一名出纳员，要做好出纳工作，就必须加强学习，了解、熟悉和掌握现行的法律法规和各项会计制度，不断提高自己的政策水平，遵守财务制度，遵守财经纪律，为企业把关守口。

3. 具备熟练的专业技能

出纳工作是一项思想性、政策性和技术性并重的工作。出纳员除具备良好的职业道德和较高的政策水平外，还必须具备熟练的专业技能，如打算盘、点钞票、签发票据、办理结算、报销费用、操作计算机等。出纳员每天要办理大量的费用报销、票据签发和现金收付等事项，这就需要具有较强的业务处理能力、较快的计算速度和较高的准确性。为此，出纳员要增强提高专业技能的自觉性和紧迫感，主动求知、求学，坚持不懈地学习会计知识，提高专业技能，提高业务水平。只有这样，才能适应出纳岗位的工作。

模块 2　出纳工作交接

《会计法》第四十一条规定："会计人员调动工作或者离职，必须与接管人员办清交接手续。"出纳员属于会计人员，因此出纳员的工作交接要按会计人员的规定进行。

问题1：出纳员办理交接手续的主要原因有哪些？

出纳员办理交接手续的主要原因具体如下。
（1）出纳员因辞职、调动而离开单位。
（2）出纳员因企业内部工作变动不再担任出纳职务。
（3）出纳员因出纳岗位轮岗调换到会计岗位。
（4）出纳岗位因内部增加或减少工作人员而进行重新分工。
（5）出纳员因病假、事假或临时调用，不能继续从事出纳工作。
（6）出纳员因特殊情况（如停职审查等）按规定不宜继续从事出纳工作。
（7）上述被代理人员回到原出纳岗位恢复工作。
（8）企业因其他情况按规定应办理出纳岗位工作交接，如企业解散、兼并、合并或分立等情况发生时，出纳员应向接收单位或清算组移交相关资料。

问题2：出纳员工作交接的内容有哪些？

出纳员工作交接的具体内容主要包括以下几个方面。
（1）业务移交：库存现金、银行存款、有价证券等。
（2）会计凭证、账簿和票据移交：包括日记账、空白支票、支票使用登记簿、收据、其他结算凭证、银行对账单等。
（3）银行相关物件移交：银行预留印鉴、网银U盾及其密码、支付密码器及其说明书等。
（4）印章及用具移交：现金收讫印章，现金付讫印章，作废章，印台、印油及印垫等。
（5）设备及用具移交：保险柜及钥匙、点钞机、计算机及其密码、计算器等。

问题3：出纳员工作交接有哪些步骤？

出纳员进行工作交接通常分为交接前的准备工作、正式办理交接手续、交接后相关事项三个步骤。

1. 交接前的准备工作

（1）结账。对尚未登记完的现金日记账、银行存款日记账，应登记完毕，并在最后一笔余额后加盖经办人员印章。

（2）对账。将现金日记账、银行存款日记账和库存现金、银行存款总账核对相符；将现金日记账账面余额和库存现金实有数核对相符；将银行存款日记账和银行对账单核对，并编制银行存款余额调节表。

（3）填写未尽事项说明书。出纳员离开时可能会有一些未尽事项，为了保证交接顺利，出纳员应对未尽事项进行书面说明。

（4）编制出纳交接书。一份完整有效的出纳交接书包括的内容如下：①交接日期；②具体业务移交；③移交的会计凭证、账簿、票据；④移交的印鉴；⑤交接前后的责任划分；⑥交接书的份数等。

2. 正式办理交接手续

正式办理交接手续时，必须有监交人在场负责监交，通常由企业会计机构负责人、会计主管人员负责监交工作。交接时，移交人要按照出纳交接书逐项移交，接管人要逐项核对点收。

3. 交接后相关事项

（1）交接结束后，交接双方及监交人要在出纳交接书上签字、盖章，并注明企业名称、交接日期，交接双方和监交人的职务、姓名，出纳交接书页数及需要说明的问题和意见等。

（2）接管人应继续使用移交前的账簿，不得擅自另立账簿，以保证会计记录前后衔接、内容完整。

（3）所填制的出纳交接书一式三份，交接双方各执一份，存档一份；交接双方在现金日记账、银行存款日记账启用表上添加交接时间并加盖交接人员印章。

【实例1】因无锡江南股份有限公司原出纳员许佳敏调离本单位，其职务经研究决定由魏华接替。2024年8月20日办理交接，其交接过程如下。

（1）在8月20日前，由移交人许佳敏将应移交的有关出纳资料准备齐全，并编制好出纳交接书。

（2）8月20日，在监交人袁红萍的监督下，移交人许佳敏按出纳交接书所列项目将准备齐全的相关资料逐一交给接管人魏华，并由魏华逐一清点、核对。

（3）双方移交完毕并核对无误后由移交人许佳敏、接管人魏华和监交人袁红萍在出纳交接书上签字、盖章。移交人许佳敏和接管人魏华在现金日记账和银行存款日记账账簿启用及接交表上签字（见表1-1和表1-2）。

出纳交接书

因出纳员许佳敏调离本单位，其职务经研究决定由魏华接任，现办理交接手续。

1．交接日期

交接日期为2024年8月20日。

2．移交业务

（1）库存现金：8月20日账面余额为1 534元，与实存数相符，日记账余额与总账余额相符。

（2）国库券：589 000元，经核对无误。

（3）银行存款余额（中国工商银行）为286 790元，编制银行存款余额调节表，核对相符。

3．移交会计凭证、账簿和票据

（1）本年度现金日记账3本。

（2）本年度银行存款日记账2本。

（3）空白现金支票15张（00213458～00213472号）。

（4）空白转账支票8张（00982356～00982363号）。

（5）现金支票使用登记簿1本、转账支票使用登记簿1本。

（6）空白收款收据2本。

（7）银行对账单1～7月份共7份；7月份未达账项说明1份。

4．移交银行相关物件

（1）网银U盾及其密码1套。

（2）支付密码器及其说明书1套。

（3）电子回单IC卡1张。

（4）银行预留印鉴卡1张。

5．移交印章及用具

（1）无锡江南股份有限公司现金收讫印章、现金付讫印章各1枚，银行收讫印章、银行付讫印章各1枚。

（2）作废章1枚。

（3）印台、印油及印垫各1个。

6．移交设备及用具

（1）保险柜1个、钥匙1把。

（2）点钞机1台。

（3）计算机1台及其密码。

（4）计算器1个。

说明：2024年8月20日前的出纳责任事项由许佳敏负责；自2024年8月20日起，出纳责任事项由魏华负责。以上移交事项均经交接双方认定无误。本交接书一式三份，双方各执一份，存档一份。

移交人：许佳敏　　　　接管人：魏华　　　　监交人：袁红萍

2024年8月20日

无锡江南股份有限公司

表 1-1 现金日记账账簿启用及接交表

账 簿 启 用 及 接 交 表

单位名称	无锡江南股份有限公司						印 鉴	
账簿名称	现金日记账　　（第 三 册）						财务无 务有锡 专限江 用公南 章司股	
账簿编号								
账簿页数	本账簿共计 100 页（账簿页数检点人盖章）　许佳敏							
启用日期	公元 2024 年 6 月 30 日							
经管人员	单位主管		财务主管		复核		记账	
	姓名	盖章	姓名	盖章	姓名	盖章	姓名	盖章
	洪凯生	洪凯生	袁红萍	袁红萍	龚丽	龚丽	许佳敏	许佳敏
接交记录	经管人员		接管			交出		
	职别	姓名	年	月	日	盖章	年　月　日	盖章
	出纳员	许佳敏					2024　8　20	许佳敏
	出纳员	魏华	2024	8	20	魏华		
备注								

表 1-2 银行存款日记账账簿启用及接交表

账 簿 启 用 及 接 交 表

单位名称	无锡江南股份有限公司						印 鉴	
账簿名称	银行存款日记账　　（第 二 册）						财务无 务有锡 专限江 用公南 章司股	
账簿编号								
账簿页数	本账簿共计 100 页（账簿页数检点人盖章）　许佳敏							
启用日期	公元 2024 年 7 月 24 日							
经管人员	单位主管		财务主管		复核		记账	
	姓名	盖章	姓名	盖章	姓名	盖章	姓名	盖章
	洪凯生	洪凯生	袁红萍	袁红萍	龚丽	龚丽	许佳敏	许佳敏
接交记录	经管人员		接管			交出		
	职别	姓名	年	月	日	盖章	年　月　日	盖章
	出纳员	许佳敏					2024　8　20	许佳敏
	出纳员	魏华	2024	8	20	魏华		
备注								

模块 3　出纳基本技能

问题 1：如何写好阿拉伯数字？

阿拉伯数字书写

在幼儿园、小学阶段，我们就已经能熟练书写阿拉伯数字了，但会计人员书写的阿拉伯数字与一般人员书写的阿拉伯数字有明显的区别，会计人员书写的阿拉伯数字有其特定的书写要求。

在有金额分位格的账表凭证上，阿拉伯数字的书写如图 1-1 所示。

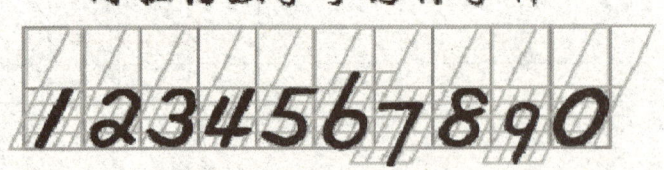

图 1-1　阿拉伯数字的书写

（1）书写数字时应由高位到低位，从左至右，不可潦草、模棱两可，不得连笔写。
（2）账表凭证上书写的阿拉伯数字应使用斜体，斜度为 60°左右。
（3）数字高度约占账表凭证金额分位格的 1/2。
（4）除"7"和"9"上抵下半格的 1/4、下伸次行上半格的 1/4 处外，其他数字都要靠在底线上书写，不得悬空。
（5）"0"要写为椭圆形，下笔要由右上角按逆时针方向画出。
（6）"1"应居中且不可写得过短。
（7）"4"的顶部不封口，写"∠"时应上抵中线，下至下半格的 3/4 处，中竖的斜度应为 60°。
（8）"6"的上半部分应斜伸出上半格的 1/4 高度。
（9）写"8"时，上边应稍小，下边应稍大，注意起笔应写成斜"S"形，终笔与起笔交接处应为菱角。
（10）在没有数位线的情形下，阿拉伯数字书写的整数部分应由左至右按"三位一节"用分节号"，"分开或空一个字符位置，便于读数和汇总计算。

问题 2：怎样书写大写的中文数字？

在原始凭证上，经常需要书写大写的中文数字，大写中文数字应按以下要求书写。

（1）用正楷字体或行书字体书写。不得任意自造简化字。大写金额数字到元位或角位为止的，在"元"或"角"字之后应写"整"或"正"字；大写金额数字有"分"位的，"分"字后面不写"整"或"正"字。

（2）"人民币"与数字之间不得留有空位。有固定格式的重要凭证，大写金额栏通常都印有"人民币"字样，书写时，金额数字应紧接在"人民币"后面，"人民币"与大写金额数字之间不得留有空位。大写金额栏没有印有"人民币"字样的，应在大写金额数字前填写"人民币"三字。

（3）有关"零"的写法。在填写重要凭证时，为了增强金额数字的准确性和可靠性，需要同时书写小写金额和大写金额，且二者必须相符。当小写金额数字中有"0"时，大写金额应根据"0"所在的位置书写。

①小写金额数字尾部有"0"的，无论是有一个还是有连续几个，大写金额到非零数位后，用一个"整（正）"字结束，不需要用"零"字来表示。

【实例2】 小写¥7.6，大写金额应写为"人民币柒元陆角整"。

【实例3】 小写¥800，大写金额应写为"人民币捌佰元整"。

②小写金额数字中间有"0"的，大写金额应按照汉语语言规律、金额数字构成和防止涂改的要求进行书写。举例说明如下。

● 小写金额数字中间只有一个"0"的，大写金额数字要写为"零"字。

【实例4】 小写¥506.74，大写金额应写为"人民币伍佰零陆元柒角肆分"。

● 小写金额数字中间连续有几个"0"的，大写金额数字可以只写一个"零"字。

【实例5】 小写¥3 002.36，大写金额应写为"人民币叁仟零贰元叁角陆分"。

● 小写金额数字元位是"0"，或者数字中间连续有几个"0"，元位也是"0"，但角位不是"0"的，大写金额数字中间可以只写一个"零"字，也可以不写"零"字。

【实例6】 小写¥9 560.4，大写金额应写为"人民币玖仟伍佰陆拾元零肆角整"或"人民币玖仟伍佰陆拾元肆角整"。

【实例7】 小写¥120 000.45，大写金额应写为"人民币壹拾贰万元零肆角伍分"或"人民币壹拾贰万元肆角伍分"。

● 小写金额数字角位是"0"而分位不是"0"的，大写金额"元"字后必须写"零"字。

【实例8】 小写¥839.03，大写金额应写为"人民币捌佰叁拾玖元零叁分"。

（4）"壹"开头的别丢"壹"。当小写金额数字首位是"1"时，大写金额前面必须写上"壹"字。

【实例9】 小写¥17.68，大写金额应写为"人民币壹拾柒元陆角捌分"。

【实例10】 小写¥140 000，大写金额应写为"人民币壹拾肆万元整"。

问题3：如何使用保险柜？

保险柜是企事业单位存放重要物品的设备，出纳员要将公司的现金、单据、空白支票、相关印章等重要物品放入保险柜中，以确保自己所掌管的资金及重要物品的安全。

保险柜一般放在出纳员附近比较隐蔽的地方，方便其使用。出纳员在使用保险柜时必须谨慎、细致。如果要离开办公室，出纳员必须把钥匙拔下来随身携带。开启保险柜一般需要同时使用钥匙和密码。

1．保险柜钥匙

保险柜钥匙一般配有两把，出纳员保管一把，便于日常开、锁保险柜；财务经理保管一把，在出纳员钥匙丢失或出纳员请假期间公司急用保险柜内物品等特殊情况下使用。未经财务经理同意，出纳员不能随便将保险柜钥匙交给他人。若出纳员不慎将保险柜钥匙丢失，要及时向财务经理汇报，同时马上更换锁，以保证保险柜内物品的安全。

2．保险柜密码

出纳员输入保险柜密码时，应当回避他人，用另一只手挡住；开启保险柜后要及时上锁，不得在保险柜未关好前远离保险柜或进行其他工作。出纳员应对保险柜密码严格保密，不得向他人泄露。新出纳员上岗应及时更换新的密码。

3．保险柜内的物品存放

出纳员应将其使用及保管的现金、单据、空白支票、公司印鉴等重要物品放入保险柜。保险柜内物品要分类分格摆放，一般把票据和单证放在最上层，现金放在最下层。现金要分币别整齐放好，如果同一币别的现金较多，最好以一定数量（如100张）为一叠，捆扎好再摆放，硬币可用一个小铁罐来装。保险柜内存放的现金应设置和登记现金日记账，其他有价证券、存折、票据应按种类造册登记，贵重物品应按种类设置备查簿登记其质量、重量、金额等，所有物品应与账簿记录核对相符。

出纳员的私人物品不可放入保险柜中。

问题4：公司印章应如何管理？

1．印章的刻制

印章在很多时候代表企业，因此其刻制也有一定的规定。一般来说，企业公章、财务专用章、发票专用章须由公安局等政府部门指定的刻章单位刻制，而现金收讫印章、现金付讫印章等内部使用印章一般由企业自行刻制。

2．银行预留印鉴

在企业众多的印章中，银行预留印鉴是办理各种银行业务时重要的风险控制环节。

银行预留印鉴是企业在开户行开户时预留的印鉴，作为企业在银行办理各种结算业务的身份证明。"财务专用章+法人代表章"或"公章+法人代表章"常配套作为企业的银行预留印鉴。企业的银行预留印鉴应由专人保管。

3．印章的使用

出纳员在工作中会使用到的印章包括公章、法人代表章、财务专用章、发票专用章、现金收讫印章、现金付讫印章、银行收讫印章、银行付讫印章、作废章等。其中，后面五个章通常为"条章"。

每个印章都有各自的用途，企业对印章的管理都会做相关规定。一般情况下，印章要存放在不同的保管人处，印章分类如表 1-3 所示。

表 1-3 印章分类

印章名称	用途	保管人
公章	主要使用在证明、协议、规定、介绍信、账簿启用及接交表、财务报表等书面文件中	总经理或总经理授权的人员
法人代表章	主要用于法人代表的事项或作为银行预留印鉴	法人代表或法人代表授权的人员
财务专用章	主要盖在收据上或作为银行预留印鉴等	财务经理或财务经理指定的人员
发票专用章	主要盖在各种发票上	开具发票的人员
现金收讫印章	主要盖在收据上	出纳员
现金付讫印章	主要盖在凭单上	出纳员
银行收讫印章	主要盖在结算单上	出纳员
银行付讫印章	主要盖在凭单上	出纳员
作废章	主要在支票、发票、收据、文件等填写错误后盖章	相关人员

盖章时，务必要保障印章的清晰。在要盖章的单据下面垫上软硬适中的垫子或本子；印章接触纸面后按紧印章，防止错位移动；加盖印章的单据不要立刻覆盖其他物品，需要等印章痕迹干了之后才能覆盖，以免把所盖印章弄模糊。

项目 2　原始凭证的填制和审核

模块 1　原始凭证的常识

问题 1：经济业务是通过什么来体现的？

经济业务是通过原始凭证来体现的，如购货发票、销货发票、收据和借条等。下面是无锡江南股份有限公司 2024 年 6 月 7 日部分原始凭证，你能判断出这些原始凭证分别体现了何种经济业务吗？

【实例 1】　借款申请单如图 2-1 所示。

借款申请单

2024 年 6 月 7 日

借款单位	业务员王强				
用途	出差滨海市预借差旅费				
金额（大写）人民币伍仟元整			¥5 000		现金付讫
还款计划	2024 年 6 月 10 日				
领导批准	洪凯生	财务审批 袁红萍	部门审批 黄静	出纳付款	许佳敏
借款人	王强		备 注		

图 2-1　借款申请单

【实例2】 无锡江南股份有限公司出差费用报销单和收据如图2-2和图2-3所示（所附原始凭证略）。

无锡江南股份有限公司 出差费用报销单

出差事由		石家庄订货会		填报日期：2024年6月7日						附原始凭证3张		
月	日	起止时间	起讫地点	车船费		途中补贴	住勤补贴		误餐补贴		旅馆费	市内交通费	行李搬运费	其他
				车次	金额	金额	天数	金额	中	晚	金额			
6	5	午 时 分 午 时 分	无锡至石家庄		90									
6	7	午 时 分 午 时 分	石家庄至无锡		90		2	400				560			
		午 时 分 午 时 分	至											
支 出 小 计					180			400				560			
预支金额	1 200	应付（退 √）金额	60	支出金额（大写）		人民币壹仟壹佰肆拾元整						
领导审核	洪凯生	财务经理	袁红萍	部门经理	夏均	报销人	刘永生					

图2-2 无锡江南股份有限公司出差费用报销单

收 据 No 0008759

2024年6月7日

交款单位	刘永生		收款方式	现金
人民币（大写）	壹仟贰佰元整		￥1 200	**现金收讫**
收款事由	退款	财务无务有锡专限江用公南章司股		
			2024年6月7日	
单位盖章		财务主管	记账	出纳 许佳敏	审核	经办

二客户联

图2-3 收据

【实例3】 中国工商银行单位客户专用回单如图2-4所示。

ICBC 中国工商银行　单位客户专用回单　№ 563

2024年6月7日　　流水号：2765448736672786961118

币别：人民币

付款人	全称	无锡市新区贸易有限公司	收款人	全称	无锡江南股份有限公司
	账号	204315344500563229		账号	204315344565289321
	开户行	中国工商银行无锡旺庄路支行		开户行	中国工商银行无锡建业支行

金额	人民币（大写）人民币壹万贰仟伍佰元整	千百十万千百十元角分 ￥ 1 2 5 0 0 0 0
凭证种类	电子转账凭证	凭证号码　2202486535
结算方式	转账	用途　贷款

打印柜员：320654202
打印机构：中国工商银行无锡建业支行
打印卡号：432000000012986

打印时间：2024-06-07　　交易柜员：　　交易机构：32176813

图2-4　中国工商银行单位客户专用回单

【实例4】 无锡江南股份有限公司费用报销单、中国工商银行业务回单（付款）、江苏省增值税专用发票如图2-5～图2-7所示。

无锡江南股份有限公司　费用报销单

购物（或业务往来）日期：	2024年6月7日	背面附原始凭证 2 张

	内容	发票号	单价	数量	金额
1	水费	03287298	3.050 7	318.245	1 000
2					
3					

备注：

实报金额（大写）人民币壹仟元整　　￥1 000

领导审批	洪凯生	财务经理	袁红萍	部门经理	龙刚	报销人	张敏

图2-5　无锡江南股份有限公司费用报销单

项目2　原始凭证的填制和审核

ICBC 中国工商银行　　　　　　　　凭证

日期　2024年6月7日　　　　　　业务回单　（付款）

回单编号：18062000765

付款人户名：无锡江南股份有限公司　　　　付款人开户行：中国工商银行无锡建业支行
付款人账号：204315344565289321
收款人户名：无锡市自来水总公司　　　　　收款人开户行：中国工商银行无锡通扬支行
收款人账号：499600752200876633
金额：壹仟元整　　　　　　　　　　　　　小写：1 000元
业务（产品）种类　　　　凭证种类：00000000　　凭证号码：0000000000000000000
摘要：水费　　　　　　　用途：　　　　　　　　币种：人民币
交易机构：0110300421　　记账柜员：00018　　交易代码：45296　　渠道：网上银行
附言：
支付交易序号：61157924　报文种类：大客户发起汇兑业务　委托日期：2024年6月7日
业务类型：普通汇兑　　　指令编号：HQP14180654　　提交人：王丽
本回单为第一次打印，注意重复　打印日期：2024年6月7日　打印柜员：8　验证码：0ABE6CA7786

图2-6　中国工商银行业务回单（付款）

江苏省增值税专用发票　　No 03287298

发票联　　　　　　开票日期：2024年6月7日

购买方	名　称：无锡江南股份有限公司 纳税人识别号：31244400056307453X 地址、电话：无锡市建业路38号　0510-85433576 开户行及账号：中国工商银行无锡建业支行　204315344565289321	密码区	

货物或应税劳务名称	规格型号	单位	数量	单价	金额	税率	税额
*供水*水费		吨	318.245	3.050 7	970.87	3%	29.13
合计					¥970.87		¥29.13

价税合计（大写）　⊗壹仟元整　　　　（小写）¥1 000

销售方	名　称：无锡市自来水总公司 纳税人识别号：91323209966333342A 地址、电话：无锡市通扬路38号　0510-82106688 开户行及账号：中国工商银行无锡通扬支行　499600752200876633	备注

收款人：　　　复核人：　　　开票人：陈方方　　　销售方：（章）

第三联：发票联　购买方记账凭证

图2-7　江苏省增值税专用发票

17

【实例5】无锡江南股份有限公司费用报销单、江苏省增值税普通发票、中国工商银行转账支票存根（苏）如图 2-8～图 2-10 所示。

无锡江南股份有限公司　费用报销单

购物（或业务往来）日期： 2024 年 6 月 7 日				背面附原始凭证 2 张		
	内　　容	发票号	单　价	数　量	金　额	
1	业务招待费	04787265			2 500
2					
3					
备注：						
实报金额（大写）人民币贰仟伍佰元整				¥2 500		
领导审批	洪凯生	财务经理	袁红萍	部门经理	雍明	报销人	陆程

图 2-8　无锡江南股份有限公司费用报销单

江苏省增值税普通发票　　　　No　04787265

发　票　联　　　开票日期：2024 年 6 月 7 日

购买方	名　　　称：	无锡江南股份有限公司	密码区
	纳税人识别号：	31244400056307453X	
	地址、电话：	无锡市建业路38号　0510-85433576	
	开户行及账号：	中国工商银行无锡建业支行　2043153445652 89321	

货物或应税劳务名称	规格型号	单位	数量	单价	金额	税率	税额
*餐饮服务*餐饮费					2 358.49	6%	141.51
合　计					¥2 358.49		¥141.51
价税合计（大写）		⊗贰仟伍佰元整			（小写）¥2 500		

销售方	名　　　称：	无锡市九龙湾餐饮有限公司	备注
	纳税人识别号：	913202008359346 33q	
	地址、电话：	无锡市九龙湾 68 号　0510-65325776	
	开户行及账号：	交通银行无锡郊区支行　3232320996600 03338	

收款人：　　　复核人：　　　开票：曹锋　　　销售方：（章）

第二联：发票联　购买方记账凭证

图 2-9　江苏省增值税普通发票

项目2 原始凭证的填制和审核

```
         中国工商银行
       转账支票存根（苏）
         VI00982352
  附加信息

  出票日期 2024 年 6 月 7 日
  收款人：无锡市九龙湾餐饮有限公司
  金   额：¥2 500
  用   途：餐饮费
  单位主管 洪凯生        会计 龚丽
```

图 2-10　中国工商银行转账支票存根（苏）

【实例 6】 无锡江南股份有限公司费用报销单、中国工商银行单位客户专用回单（一）、中国工商银行单位客户专用回单（二）、中华人民共和国电子缴税（费）凭证如图 2-11～图 2-14 所示。

无锡江南股份有限公司　费用报销单

购物（或业务往来）日期：2024 年 6 月 7 日　　　　背面附原始凭证 2 张

	内　容	发票号	单价	数量	金额
1	增值税	32028323000124381			62 400
2	城市维护建设税	32020031800003281			4 368
3	教育费附加	32020031800003281			1 872
4	地方教育附加	32020031800003281			1 248

备注：5月份税金
实报金额（大写）人民币陆万玖仟捌佰捌拾捌元整　　　　¥69 888

| 领导审批 | 洪凯生 | 财务经理 | 袁红萍 | 部门经理 | 林涛 | 报销人 | 吴敏 |

图 2-11　无锡江南股份有限公司费用报销单

ICBC　中国工商银行　单位客户专用回单

转账日期：2024 年 6 月 7 日　　　　　　　　　　凭证字号：2024028180176232

纳税人全称：无锡江南股份有限公司
纳税人识别号（信用代码）：31244400056307453X
付款人全称：无锡江南股份有限公司　　　　咨询（投诉）电话：12366
付款人账号：204315344565289321　　　　征收机关名称（委托方）：无锡梁溪区税务局
付款人开户银行：中国工商银行无锡建业支行　　收缴国库（银行）：国家金库无锡市梁溪支库
小写（合计）金额：¥62 400　　　　　　　　缴款书流水号：3065187654997728888776221
大写（合计）金额：人民币陆万贰仟肆佰元整　　税票号码：32028323000124381

税（费）名称	所属时间	实缴金额
增值税	20240501—202405031	62 400

复核：　　　　　　　经办：　　　　　　　打印日期：2024-06-07

图 2-12　中国工商银行单位客户专用回单（一）

19

ICBC 中国工商银行 单位客户专用回单

转账日期：2024年6月7日　　　　　　　　　　　　　　　凭证字号：2024028180176233

纳税人全称：无锡江南股份有限公司	
纳税人识别号（信用代码）：31244400056307453X	
付款人全称：无锡江南股份有限公司	咨询（投诉）电话：12366
付款人账号：204315344565289321	征收机关名称（委托方）：无锡梁溪区税务局
付款人开户银行：中国工商银行无锡建业支行	收缴国库（银行）：国家金库无锡市梁溪支库
小写（合计）金额：¥7 488	缴款书流水号：30651876549977228887762365
大写（合计）金额：人民币柒仟肆佰捌拾捌元整	税票号码：32020031800003281

税（费）名称	所属时间	实缴金额
城市维护建设税	20240501—20240531	4 368
教育费附加	20240501—20240531	1 872
地方教育附加	20240501—20240531	1 248

复核：　　　　　　　　　经办：　　　　　　　　　打印日期：2024-06-07

图 2-13　中国工商银行单位客户专用回单（二）

中华人民共和国
电子缴税（费）凭证

打印日期：2024-06-07　　　　　　　　　　　　　　　税 240020533298

纳税人代码	31244400056307453X	主管税务机关	无锡市梁溪区税务局第二税务分局
纳税人全称	无锡江南股份有限公司	开户银行	中国工商银行无锡建业支行
缴款人名称	无锡江南股份有限公司	银行账号	204315344565289321

电子缴款书号	征收项目名称	征收品目名称	所属时期	实缴金额	缴款日期	税款属性	国库
32020031800003281	城市维护建设税	增值税附征	2024-05-01 至 2024-05-31	4 368	2024.06.07	一般申报	国家金库无锡市梁溪支库
32020031800003281	教育费附加	增值税附征	2024-05-01 至 2024-05-31	1 872	2024.06.07	一般申报	国家金库无锡市梁溪支库
32020031800003281	地方教育附加	增值税附征	2024-05-01 至 2024-05-31	1 248	2024.06.07	一般申报	国家金库无锡市梁溪支库
金额合计	人民币柒仟肆佰捌拾捌元整						¥7 488

注：
1. 本缴款单凭证仅作为纳税人记账核算凭证使用，电子纳税的，需与银行对账单电子归缴记录核对一致方有效。纳税人如需汇总开具完税证明，请凭税务登记或身份证明到主管税务机关开具。（套印征收专用章）
2. 打印此票的次日以后，方可到税务部门换开正式完税凭证。

图 2-14　中华人民共和国电子缴税（费）凭证

提示：

【实例1】（见图 2-1）：以现金支付王强预借的差旅费。

【实例2】（见图 2-2 和图 2-3）：刘永生报销差旅费，并交回多余现金。

【实例3】（见图2-4）：收到无锡市新区贸易有限公司所欠货款。

【实例4】（见图2-5～图2-7）：以网银支付无锡市自来水总公司水费。

【实例5】（见图2-8～图2-10）：报销餐饮费，以转账支票支付。

【实例6】（见图2-11～图2-14）：以银行存款支付相关税费。

问题2：填制原始凭证时，对用笔有什么规定？

（1）对需要套写的原始凭证（一式多联，需用复写纸）用圆珠笔书写，如进账单等。

（2）对单联的原始凭证用钢笔填写，如制造费用分配表等。

（3）对重要的原始凭证用碳素墨水钢笔书写，如支票等。

（4）有些原始凭证是计算机制作打印的，如增值税专用发票等。

问题3：原始凭证上的日期怎样书写？

（1）通常，原始凭证上的日期采用阿拉伯数字小写，其中1、2月份分别写为01月、02月。

（2）重要原始凭证，如支票的主体部分等，出票日期采用汉字大写，大写时，应注意月份、日期的书写。

① 大写月份时，壹月、贰月、壹拾月前需加"零"，如"零壹月""零贰月""零壹拾月"。

② 大写日期时，壹至玖日、壹拾日、贰拾日、叁拾日前加"零"，如"零玖日""零贰拾日"；另外，拾壹至拾玖日前应加"壹"，如"壹拾壹日""壹拾玖日"。这样做是为了防止变造票据的出票日期。

2024年01月05日的大写为"贰零贰肆年零壹月零伍日"。

2024年02月20日的大写为"贰零贰肆年零贰月零贰拾日"。

2024年12月18日的大写为"贰零贰肆年壹拾贰月壹拾捌日"。

2024年3月09日的大写为"贰零贰肆年叁月零玖日"。

问题4：人民币符号为什么是"￥"？

1955年3月1日，中国人民银行发行第二套人民币时首次正式确定人民币的符号。因为人民币的单位为"元"，而"元"的汉语拼音是"yuán"，因此人民币符号就采用"元"字汉语拼音字母中的第一个字母"Y"。为了区别"Y"和阿拉伯数字之间的误认和误写，就在"Y"字上加两横写成"¥"，读音仍为"元"。从此，人们就开始用符号"¥"表示人民币，在书写数字金额时用它作为封头符号。

模块 2 原始凭证的填制

现以无锡江南股份有限公司为例说明各种原始凭证的填制方法（单位名称：无锡江南股份有限公司；基本户开户行：中国工商银行无锡建业支行，账号：204315344565289321；法人代表：洪凯生；财务主管：袁红萍；出纳员：许佳敏）。

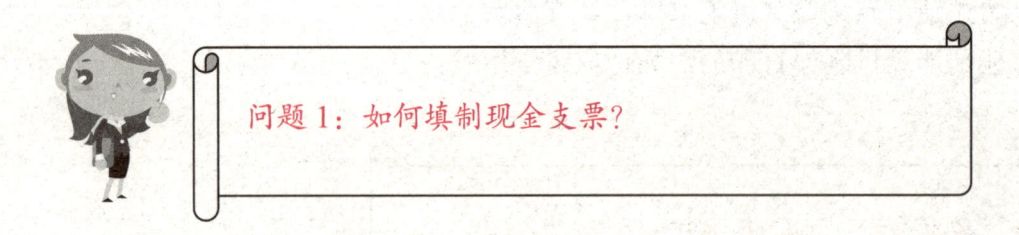

问题1：如何填制现金支票？

【实例7】 2024年5月16日，企业因库存现金不足，准备到银行提取备用金5 000元。

企业到银行提取现金时应先填制现金支票，图2-15（a）为现金支票正面、图2-15（b）为现金支票背面。现金支票分为支票正本和存根两部分，支票正本部分是提取现金的凭证，存根部分是财务记账的依据。

（a）

图2-15 中国工商银行现金支票（苏）

（b）

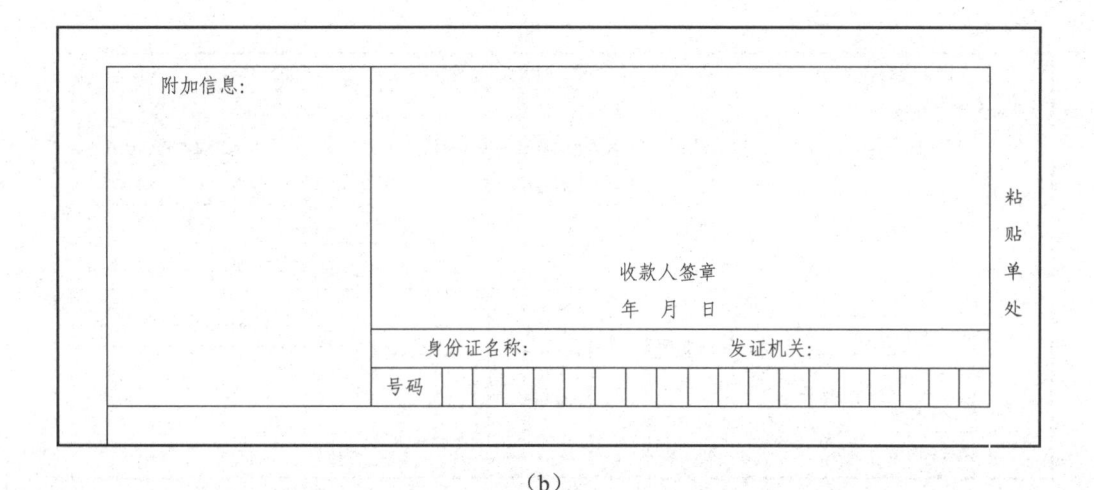

图 2-15　中国工商银行现金支票（苏）（续）

现金支票须使用碳素墨水钢笔填写，如图 2-16（a）和图 2-16（b）所示。

1. 正本的填写规范

1）出票日期的填写

出票日期必须按大写日期的书写规范填写。

2）收款人的填写

收款人填写本单位名称，且必须是全称。若是支付给个人的劳务费，则收款人应与收款人身份证上的姓名一致。

3）金额的填写

要填写开票金额的大写金额和小写金额，大写金额和小写金额都必须按照书写规范填写，且字迹要清晰、金额要一致、阿拉伯数字前要加上符号"¥"。

4）用途栏的填写

用途栏一般填写备用金、工资、差旅费、劳务费等。

5）背面日期的填写

背面日期可按小写日期格式填写取现当天的日期。

2. 存根的填写规范

存根作为财务记账的依据，填写的基本信息必须与正本一致。存根中的日期用小写，收款人可使用简称，金额栏填写小写金额并在前面加符号"¥"。

现金支票填好后，必须在支票上（正反面）盖上单位预留的银行印鉴（财务专用章和法人代表章）。

3. 生成密码并填入

出纳员先要在公司用支付密码器生成密码，然后将生成的密码记录在其他地方，等到银行柜台后再填入。

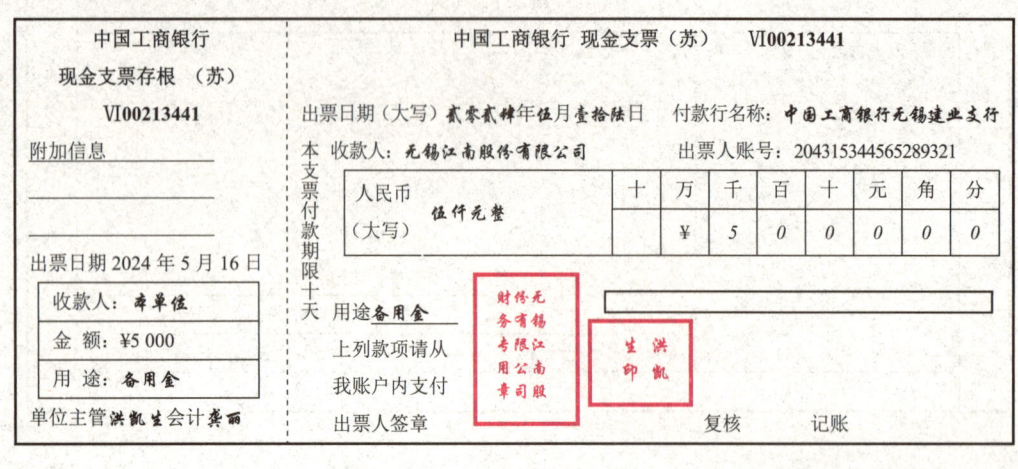

(a)

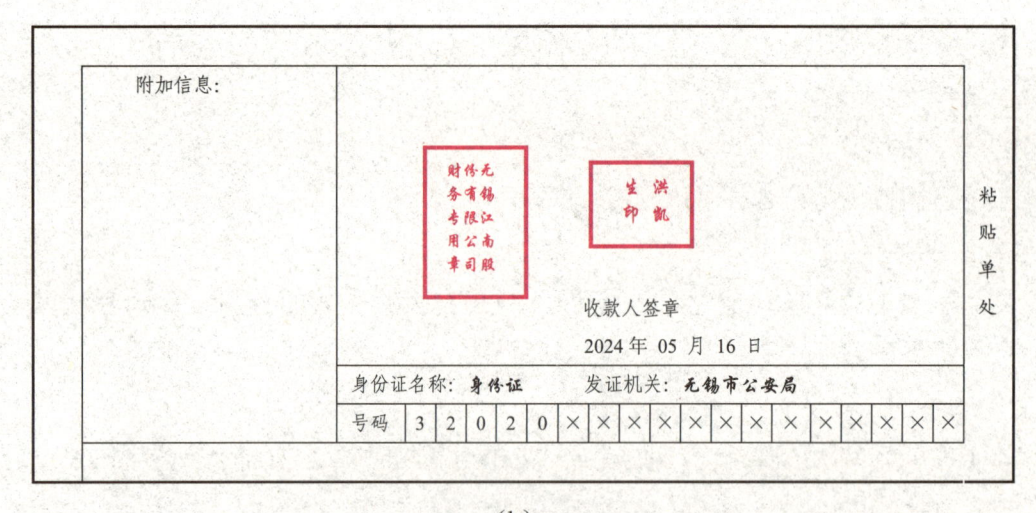

(b)

图 2-16 中国工商银行现金支票（苏）（续）

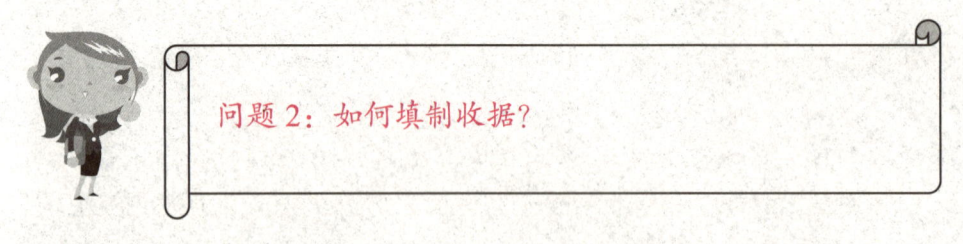

问题 2：如何填制收据？

【实例 8】 2024 年 6 月 25 日，出纳员收到业务员陆超归还的备用金 3 000 元。

收到非销售业务的现金，出纳员应开具收据（见图 2-17）。收据通常为一式三联：第一联为收据存根，第二联为客户联，第三联交给付款单位。

项目2 原始凭证的填制和审核

<table>
<tr><td colspan="3" align="center">收　据</td><td>N<u>o</u></td><td>0008760</td></tr>
<tr><td colspan="5" align="center">年　　月　　日</td></tr>
<tr><td>交款单位_____</td><td></td><td colspan="3">收款方式_____</td></tr>
<tr><td>人民币（大写）_____</td><td></td><td colspan="3">¥</td></tr>
<tr><td>收款事由_____</td><td></td><td colspan="3"></td></tr>
<tr><td colspan="5" align="right">年　　月　　日</td></tr>
<tr><td>单位盖章</td><td>财务主管</td><td>记账</td><td>出纳</td><td>审核　　经办</td></tr>
</table>

二客户联

图 2-17　收据

收据（见图 2-18）要使用圆珠笔填制。

收据主要有填写、盖章、使用三个步骤。

1. 填写

（1）日期：填写收款日期，使用小写日期即可。

（2）交款单位：在"交款单位"后面的横线处填写付款人或付款单位名称。

（3）收款方式：一般为现金，如果是其他结算方式，则写具体方式。

（4）金额：填写收款的实际金额，确保大小写金额一致。

（5）收款事由：在"收款事由"后面的横线处填写收款原因。

（6）相关人员签字：一般在出纳处签字。

2. 盖章

在客户联的收款单位处盖上公章或财务专用章，以及"现金收讫"印章。

3. 使用

填写完毕、盖章后，将第二联给付款方，第一联保留在收据本上备查，当日终了，将当天开具的收据第三联一并交给会计。

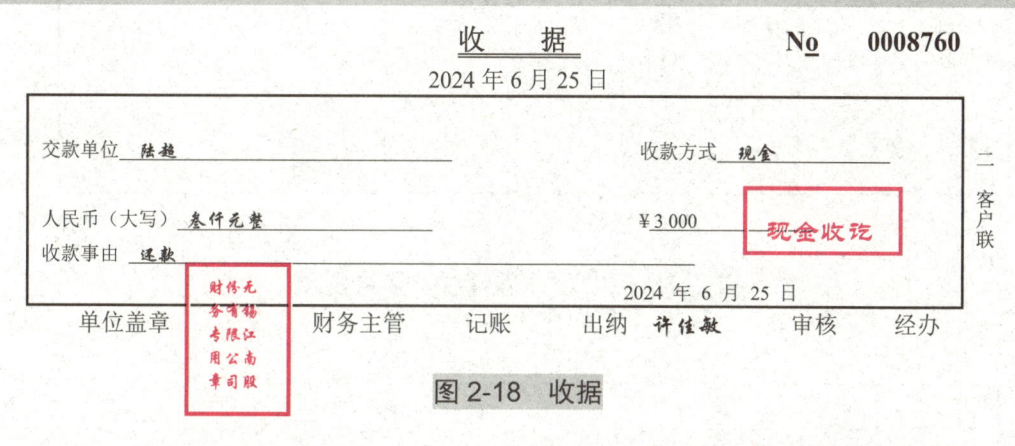

<table>
<tr><td colspan="3" align="center">收　据</td><td>N<u>o</u></td><td>0008760</td></tr>
<tr><td colspan="5" align="center">2024 年 6 月 25 日</td></tr>
<tr><td>交款单位　陆越　</td><td></td><td colspan="3">收款方式　现金　</td></tr>
<tr><td>人民币（大写）　叁仟元整　</td><td></td><td colspan="3">¥ 3 000　　现金收讫</td></tr>
<tr><td>收款事由　还款　</td><td></td><td colspan="3"></td></tr>
<tr><td colspan="5" align="right">2024 年 6 月 25 日</td></tr>
<tr><td>单位盖章
财修无
务有杨
专限江
用公南
章司股</td><td>财务主管</td><td>记账</td><td>出纳　许佳敏</td><td>审核　　经办</td></tr>
</table>

二客户联

图 2-18　收据

问题3：如何填制现金存款凭证？

【实例 9】 2024 年 5 月 16 日，将当日销售收入现金 2 660 元解存银行。

企业将销售收到的现金存入银行时应填制现金存款凭证（见图 2-19）；现金存款凭证一式二联：第一联为回单联，第二联为银行留存。

ICBC 中国工商银行　　现金存款凭证

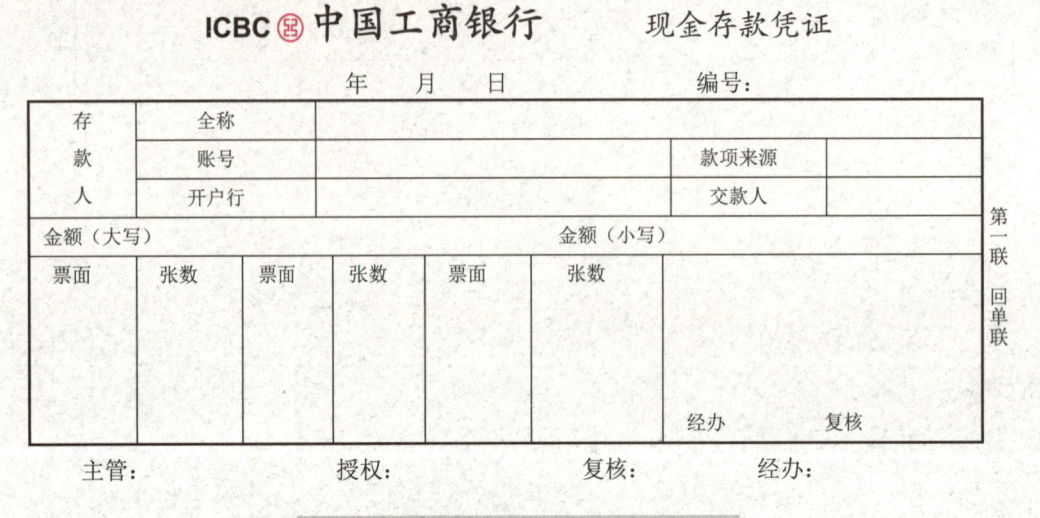

存款人	全称						编号：		第一联 回单联
	账号					款项来源			
	开户行					交款人			
金额（大写）					金额（小写）				
票面	张数	票面	张数	票面	张数				
						经办		复核	
主管：		授权：		复核：		经办：			

图 2-19　中国工商银行现金存款凭证

现金存款凭证（见图 2-20）要使用圆珠笔填制，填制日期，存款人全称、账号、开户行，款项来源，金额大写、小写等。

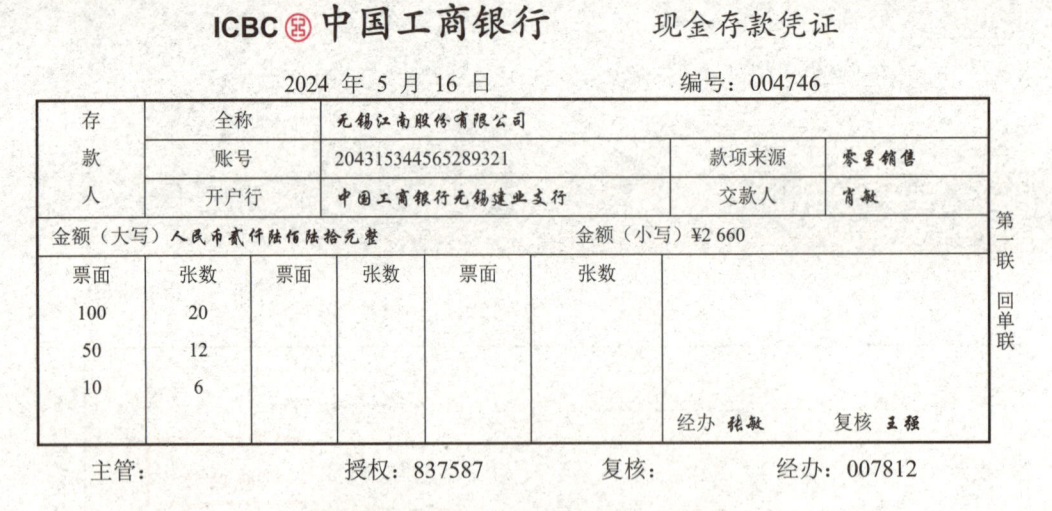

ICBC 中国工商银行　　现金存款凭证

2024 年 5 月 16 日　　编号：004746

存款人	全称	无锡江南股份有限公司				款项来源	零星销售	第一联 回单联
	账号	204315344565289321						
	开户行	中国工商银行无锡建业支行				交款人	肖敏	
金额（大写）	人民币贰仟陆佰陆拾元整				金额（小写）	¥2 660		
票面	张数	票面	张数	票面	张数			
100	20							
50	12							
10	6					经办 张敏	复核 王强	
主管：		授权：837587		复核：		经办：007812		

图 2-20　中国工商银行现金存款凭证

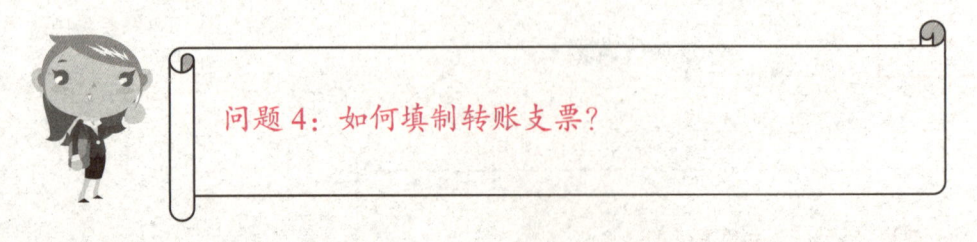

问题 4：如何填制转账支票？

【实例 10】 2024 年 5 月 16 日，无锡江南股份有限公司采用转账支票方式支付无锡新媒体广告有限公司广告费 25 000 元，发票如图 2-21 所示。

江苏省增值税专用发票　　　　No 04787387

发　票　联　　　　开票日期：2024 年 5 月 16 日

购买方	名　　称：无锡江南股份有限公司 纳税人识别号：31244400056307453X 地址、电话：无锡市建业路 38 号　0510-85433576 开户行及账号：中国工商银行无锡建业支行 204315344565289321				密码区		
货物或应税劳务名称	规格型号	单位	数量	单价	金额	税率	税额
*现代服务*广告制作费					23 584.91	6%	1 415.09
合计					¥23 584.91		¥1 415.09
价税合计（大写）	⊗贰万伍仟元整				（小写）¥25 000		
销售方	名　　称：无锡新媒体广告有限公司 纳税人识别号：91320200835934644W 地址、电话：无锡市文良路 109 号　0510-53694233 开户行及账号：中国农业银行无锡惠山支行 323232009999666242				备注		

第三联：发票联　购买方记账凭证

收款人：　　复核人：　　开票人：杨芳　　销售方：（章）

图 2-21　江苏省增值税专用发票

企业以转账支票支付广告制作费应签发转账支票，如图 2-22（a）和图 2-22（b）所示；转账支票分为支票正本和存根两部分，支票正本交给收款单位作为办理进账的依据，支票存根连同发票及报销人填制的费用报销单作为企业入账的依据。

中国工商银行
转账支票存根（苏）
Ⅵ
附加信息

出票日期　年　月　日

收款人：	
金　额：	
用　途：	

单位主管　　会计

本支票付款期限十天

中国工商银行　转账支票（苏）　Ⅵ

出票日期（大写）　年　月　日　付款行名称：

收款人：　　出票人账号：

	十	万	千	百	十	元	角	分
人民币（大写）								

用途

上列款项请从

我账户内支付

出票人签章　　复核　　记账

（a）

图 2-22　中国工商银行转账支票（苏）

附加信息：	被背书人	粘贴单处
	背书人签章 年　月　日	

（b）

图 2-22　中国工商银行转账支票（苏）（续）

转账支票要使用碳素墨水钢笔填写，如图 2-23（a）和图 2-23（b）所示。

1．正本的填写规范

1）出票日期的填写

出票日期必须按大写日期的书写规范填写。

2）收款人的填写

收款人填写本单位名称，且必须是全称。若款项是支付给个人的劳务费，则收款人应与收款人身份证上的姓名一致。

3）金额的填写

填写开票金额的大写金额和小写金额时，大写金额和小写金额都必须按照书写规范填写，且字迹要清晰、金额要一致、阿拉伯数字前要加上符号"¥"。

4）用途栏的填写

用途栏一般填写具体的用途，如货款、广告费、餐费等。

5）背面日期的填写

背面日期可按小写日期格式填写送存当天的日期。

2．存根的填写规范

存根作为财务记账的依据，填写的基本信息必须与正本一致。存根中的日期用小写，收款人可使用简称，金额栏填写小写金额并在前面加"¥"符号。

转账支票填好后，必须在支票上（正面）盖上单位预留的银行印鉴（财务专用章和法人代表章）。

3．填写支票密码

开具转账支票时，按照支付密码器上的文字提示，输入支票类型、开票日期、金额、账号、票号即可生成密码。出纳员将该密码填写到转账支票正本的密码区即可。

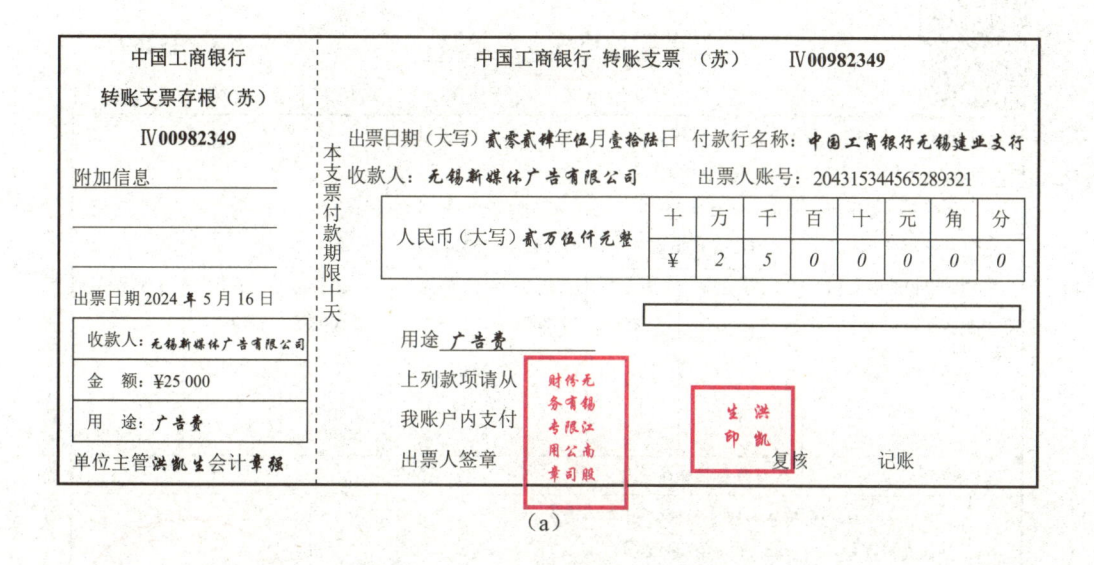

(a)

(b)

图 2-23 中国工商银行转账支票（苏）

问题 5：如何填制进账单？

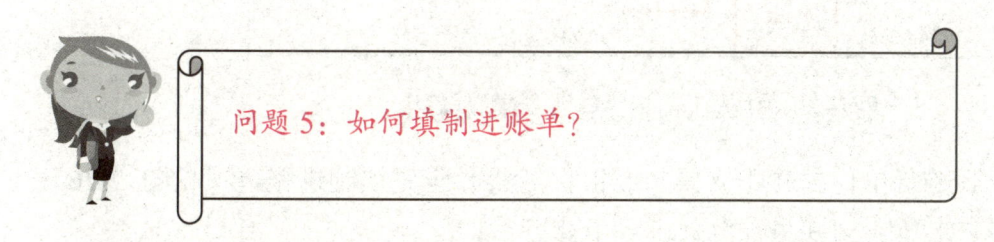

【实例 11】 2024 年 5 月 16 日，企业向无锡永乐股份有限公司销售一批装订机，发票如图 2-24 所示，收到该公司签发的一张转账支票（见图 2-25）。

江苏省增值税专用发票

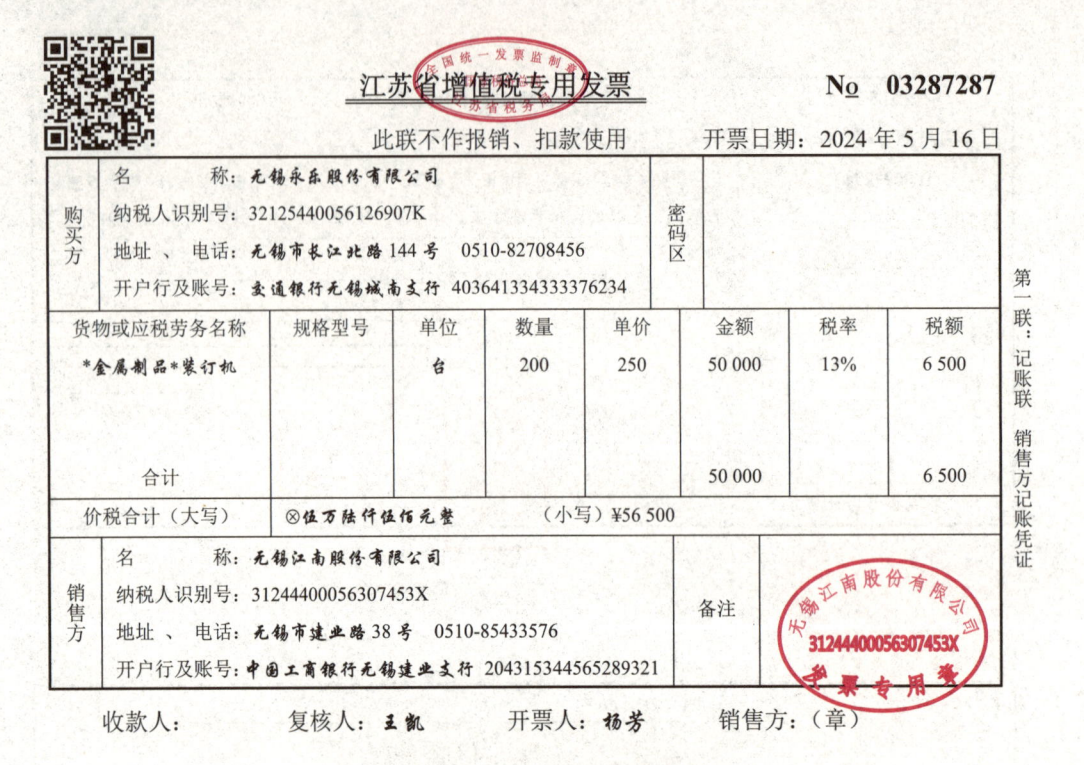

No 03287287

此联不作报销、扣款使用　　开票日期：2024年5月16日

购买方	名　　称：无锡永乐股份有限公司 纳税人识别号：32125440056126907K 地址、电话：无锡市长江北路144号 0510-82708456 开户行及账号：交通银行无锡城南支行 4036413343333376234	密码区	

货物或应税劳务名称	规格型号	单位	数量	单价	金额	税率	税额
*金属制品*装订机		台	200	250	50 000	13%	6 500
合计					50 000		6 500

价税合计（大写）	⊗伍万陆仟伍佰元整　　（小写）¥56 500

销售方	名　　称：无锡江南股份有限公司 纳税人识别号：31244400056307453X 地址、电话：无锡市建业路38号 0510-85433576 开户行及账号：中国工商银行无锡建业支行 2043153445565289321	备注	

收款人：　　　复核人：王凯　　　开票人：杨芳　　　销售方：（章）

第一联：记账联　销售方记账凭证

图 2-24　江苏省增值税专用发票

中国工商银行 转账支票 （苏）　Ⅳ07366658

出票日期（大写）：贰零贰肆年伍月壹拾陆日　付款行名称：交通银行无锡城南支行

收款人：无锡江南股份有限公司　　出票人账号：4036413343333376234

人民币（大写）伍万陆仟伍佰元整　¥ 5 6 5 0 0 0

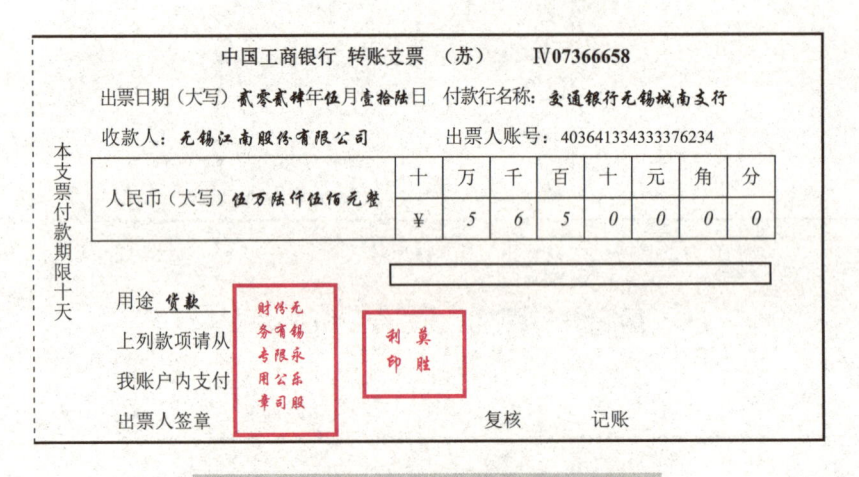

用途：货款

上列款项请从我账户内支付

出票人签章　　　　　　　复核　　　记账

本支票付款期限十天

图 2-25　中国工商银行转账支票（苏）

企业销售产品收到购货单位的转账支票（或银行汇票）应先填制进账单（见图 2-26），然后连同支票（或银行汇票）到开户行办理进账手续。

进账单一般为一式三联，第一联为回单（收款人开户行交给收款人的回单），第二联为贷方凭证（收款人开户行留存作为贷方凭证），第三联为收账通知（收款人开户行交给收款人的收账通知）。

项目2 原始凭证的填制和审核

中国工商银行进账单（回　单）　1

出票人	全　称		收款人	全　称		年　月　日　　　　第　号
	账　号			账　号		
	开户银行			开户银行		

金额	人民币（大写）		千 百 十 万 千 百 十 元 角 分

票据种类		票据张数	
票据号码			

单位主管　　会计　　复核　　记账　　　　　　　持票人开户行签章

此联是收款人开户银行交给收款人的回单

图 2-26　中国工商银行进账单（回单）

进账单的填制方法（见图 2-27，要使用圆珠笔填制）：进账单的填写应根据收付双方的信息，将收款方和付款方的相关信息填写清楚。填写内容包括日期、出票人信息、收款人信息、金额大小写、票据信息等。

中国工商银行进账单（收账通知）　3

2024 年 5 月 16 日　　　　　　第 0535 号

出票人	全　称	无锡永乐股份有限公司	收款人	全　称	无锡江南股份有限公司
	账　号	4036413343333376234		账　号	2043153445652893211
	开户银行	交通银行无锡城南支行		开户银行	中国工商银行无锡建业支行

金额	人民币（大写）	伍万陆仟伍佰元整	千 百 十 万 千 百 十 元 角 分 ¥ 5 6 5 0 0 0 0

票据种类	转账支票	票据张数	1张
票据号码	7366658		

单位主管　　会计　　复核　　记账　　　　　　　持票人开户行签章

此联是收款人开户银行交给收款人的收账通知

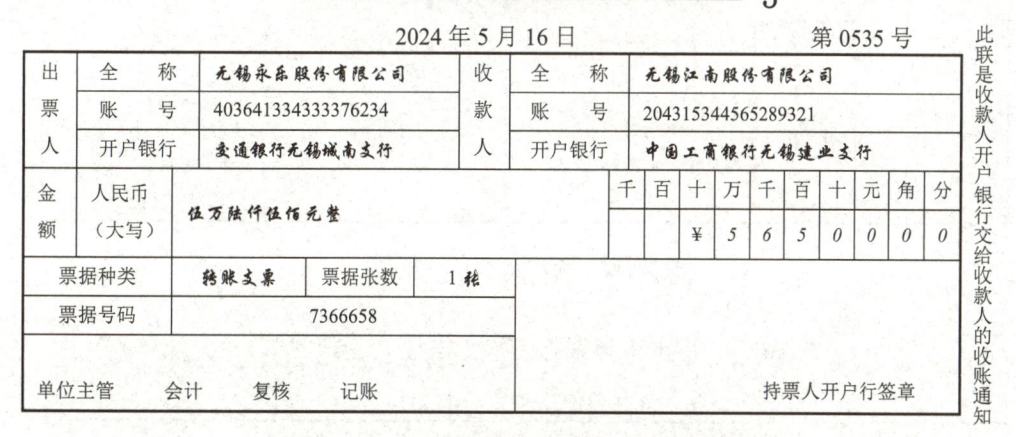

图 2-27　中国工商银行进账单（收账通知）

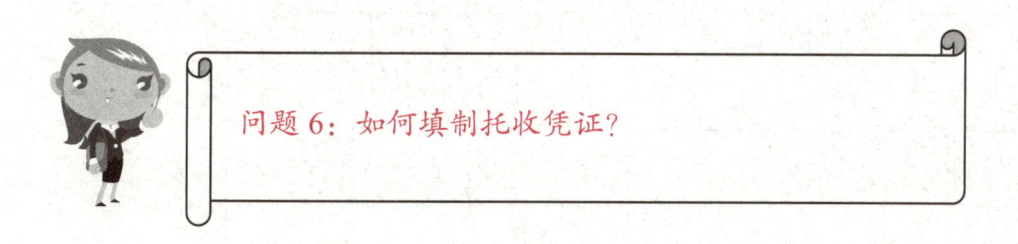

问题 6：如何填制托收凭证？

【实例 12】2024 年 5 月 16 日，企业于 2023 年 11 月 26 日向济南彩虹股份有限公司销售装订机取得的银行承兑汇票到期（见图 2-28），企业办理汇票款托收手续。

31

出纳与资金管理

银行承兑汇票 2

40207045
20560872

出票日期（大写）贰零贰叁年壹拾壹月贰拾陆日

出票人全称	济南彩虹股份有限公司	收款人	全称	无锡江南股份有限公司
出票人账号	645646400117746662		账号	204315344565289321
付款行名称	中国建设银行济南彩虹路支行		开户银行	中国工商银行无锡建业支行

出票金额	人民币（大写）捌万伍仟元整	千 百 十 万 千 百 十 元 角 分
		¥ 8 5 0 0 0 0 0

汇票到期日（大写）	贰零贰肆年伍月贰拾陆日	付款行	行号	105451000038
承兑协议编号	银承兑202394号		地址	济南市彩虹路127号

本汇票请你行承兑，到期无条件付款。
出票人签章

本汇票已经承兑，到期日由本行付款。
承兑日期 年 月 日
承兑行签章
密押
复核　　记账

此联收款人开户银行随托收凭证寄付款行作借方凭证附件

图 2-28　银行承兑汇票正面

对到期的银行承兑汇票，出纳员先在银行承兑汇票背面的背书人签章处加盖银行预留印鉴（见图 2-29），再填制"托收凭证"（见图 2-30）。

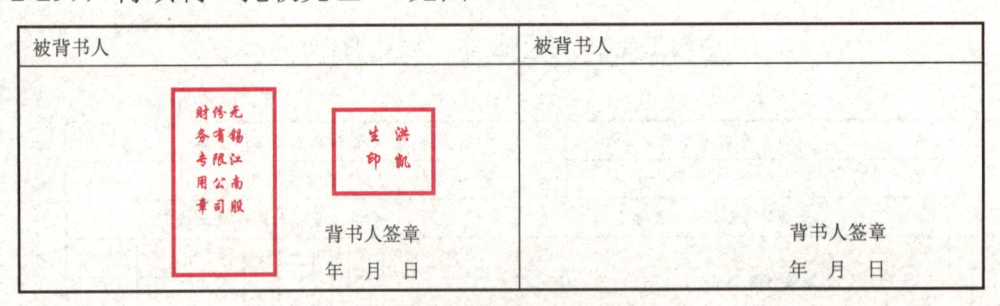

被背书人	被背书人
背书人签章　年 月 日	背书人签章　年 月 日

图 2-29　银行承兑汇票背面

ICBC 中国工商银行 托收凭证（受理回单） 1

委托日期　年　月　日

业务类型	委托收款（□邮划、□电划）　托收承付（□邮划、□电划）	
收款人	全称　　账号　　地址　省　市　开户行	
付款人	全称　　账号　　地址　省　市　开户行	
金额	人民币（大写）	千 百 十 万 千 百 十 元 角 分
款项内容	托收凭据名称	附寄单证张数
商品发运情况		合同名称号码
备注	款项收妥日期	收款人开户银行签章 年 月 日
复核　记账		

此联是收款人开户银行给收款人的受理回单

图 2-30　中国工商银行托收凭证（受理回单）

托收凭证的填制方法（要使用圆珠笔填写）：托收凭证的填写内容包括委托日期、业务类型、收款人信息、付款人信息、金额大小写、款项内容、托收凭据名称、附寄单证张数等。托收凭证填写完毕后，在第二联上加盖银行预留印鉴，如图2-31所示。

ICBC 中国工商银行 托收凭证（贷方凭证） 2

委托日期 2024 年 5 月 16 日

业务类型	委托收款（□邮划、☑电划）	托收承付（□邮划、□电划）		
收款人	全称 无锡江南股份有限公司		付款人	全称 济南彩虹股份有限公司
	账号 204315344565289321			账号 645646400117746662
	地址 江苏省无锡市 开户行 中国工商银行无锡建业支行			地址 山东省济南市 开户行 中国建设银行济南彩虹路支行
金额	人民币（大写）捌万伍仟元整		千百十万千百十元角分 ￥ 8 5 0 0 0 0 0	
款项内容	货款	托收凭据名称 银行承兑汇票	附寄单证张数 1	
商品发运情况			合同名称号码	
备注	收款人开户银行收到日期 年 月 日	上列款项随附有关债务证明，请予办理。 收款人签章		复核 记账

此联是收款人开户银行作贷方凭证

图 2-31 中国工商银行托收凭证（贷方凭证）

问题 7：如何填制结算业务申请书？

【实例 13】 2024 年 5 月 16 日，业务员沈欣持经部门主管同意的无锡江南股份有限公司付款申请书（见图 2-32），要求办理银行汇票，准备前往淮北钢铁股份有限公司采购生铁。

无锡江南股份有限公司付款申请书

2024 年 5 月 16 日

用途	金额										收款单位: 淮北钢铁股份有限公司	
支付货款	亿	千	百	十	万	千	百	十	元	角	分	账号: 404315363500053211
	￥			2	5	0	0	0	0	0	0	开户行: 中国农业银行淮北新区支行
金额大写（合计）	人民币贰拾伍万元整											电汇□ 转账□ 汇票☑ 网银□
总经理	洪凯生	财务部门	经理	袁红萍					经办部门	经理	杨建	
			会计	龚丽						经办人	沈欣	

图 2-32 无锡江南股份有限公司付款申请书

办理银行汇票应先填写结算业务申请书，然后持结算业务申请书前往开户行办理并取得银行汇票（银行汇票一式四联，企业取得第二、三联）。

结算业务申请书（见图2-33）一式两联，第一联为银行记账凭证，第二联为回单联。

ICBC 中国工商银行结算业务申请书　No

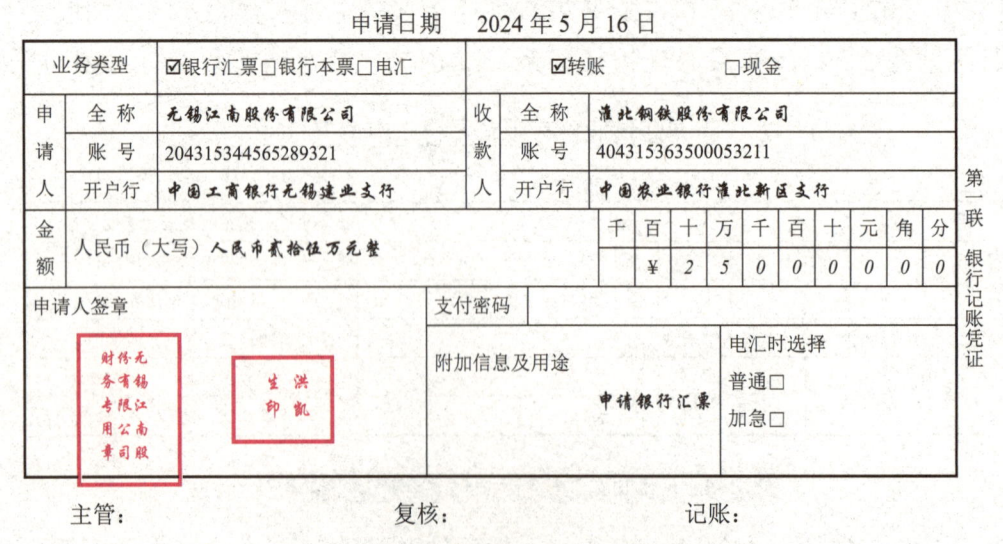

申请日期　　年　月　日						
业务类型	□银行汇票□银行本票□电汇		□转账		□现金	
申请人	全称		收款人	全称		
	账号			账号		
	开户行			开户行		
金额（大写）				千百十万千百十元角分		
申请人签章		支付密码				
		附加信息及用途		电汇时选择 普通□ 加急□		

主管：　　　　复核：　　　　记账：

第二联 回单联

图2-33　中国工商银行结算业务申请书

结算业务申请书的填制方法（见图2-34，需使用圆珠笔填写）如下。

（1）填写：结算业务申请书的填写内容包括申请日期、业务类型、申请人信息、收款人信息、金额大小写等。

（2）盖章：在填写完整的结算业务申请书上加盖银行预留印鉴。

（3）填入密码：支付密码器的操作方法同转账支票相似，只是在选择业务类型时有所不同。选择业务类型时，应选择"其他"，然后按照支付密码器上的文字提示，输入日期、凭证号码和金额，将该密码填到业务申请书的支付密码栏内。

ICBC 中国工商银行结算业务申请书　No 66187654

申请日期　2024 年 5 月 16 日						
业务类型	☑银行汇票□银行本票□电汇		☑转账		□现金	
申请人	全称	无锡江南股份有限公司	收款人	全称	淮北钢铁股份有限公司	
	账号	204315344565289321		账号	404315363500053211	
	开户行	中国工商银行无锡建业支行		开户行	中国农业银行淮北新区支行	
金额	人民币（大写）人民币贰拾伍万元整			¥ 2 5 0 0 0 0 0 0		
申请人签章 （财务专用章、无锡江南股份有限公司、生洪凯印）		支付密码				
		附加信息及用途　申请银行汇票		电汇时选择 普通□ 加急□		

主管：　　　　复核：　　　　记账：

第一联 银行记账凭证

图2-34　中国工商银行结算业务申请书

34

模块 3 原始凭证的审核

问题 1：原始凭证审核的要点有哪些？

原始凭证审核

1. 审核原始凭证是否合法、合理

【实例 14】 2024 年 6 月 15 日，业务员曹明持两张出租车发票前来报销。假定你是出纳员，请审核出租车发票（见图 2-35 和图 2-36），你发现了什么问题？

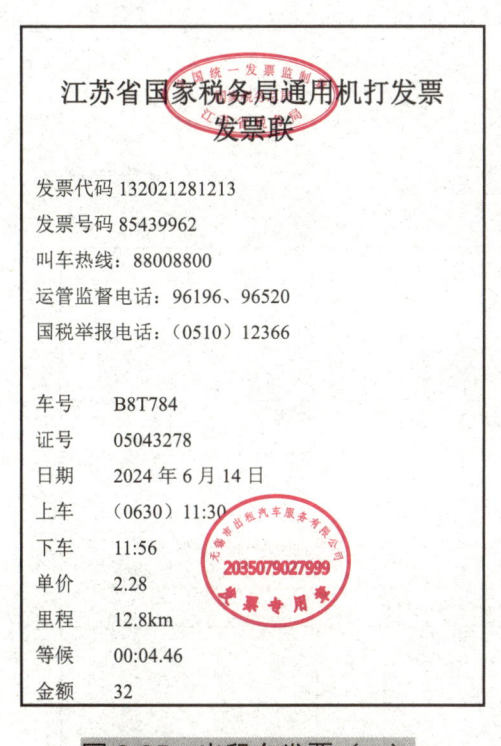

江苏省国家税务局通用机打发票
发票联

发票代码 132021281213
发票号码 85439962
叫车热线：88008800
运管监督电话：96196、96520
国税举报电话：（0510）12366

车号　　B8T784
证号　　05043278
日期　　2024 年 6 月 14 日
上车　　（0630）11:30
下车　　11:56
单价　　2.28
里程　　12.8km
等候　　00:04.46
金额　　32

图 2-35　出租车发票（一）

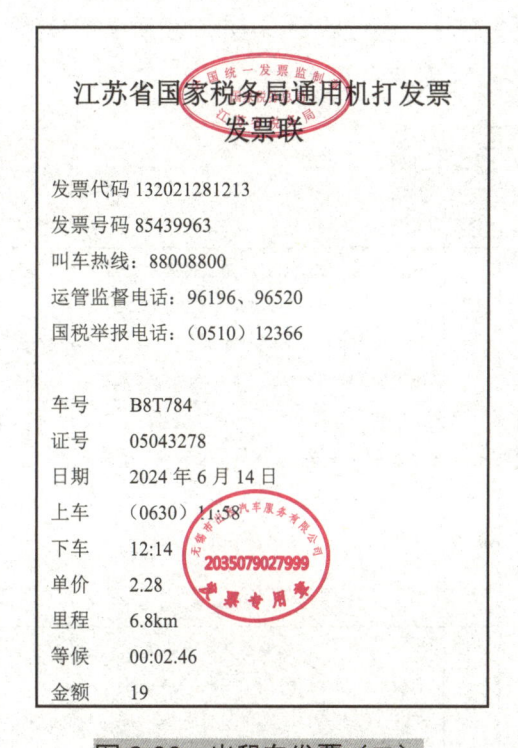

江苏省国家税务局通用机打发票
发票联

发票代码 132021281213
发票号码 85439963
叫车热线：88008800
运管监督电话：96196、96520
国税举报电话：（0510）12366

车号　　B8T784
证号　　05043278
日期　　2024 年 6 月 14 日
上车　　（0630）11:58
下车　　12:14
单价　　2.28
里程　　6.8km
等候　　00:02.46
金额　　19

图 2-36　出租车发票（二）

提示：
两张出租车票是连号的，有可能报销人只乘坐了一次出租车，但将前面乘客的车票也拿来报销了，有弄虚作假的嫌疑。

2. 审核原始凭证是否真实、完整

【实例 15】 2024 年 6 月 16 日，企业收到无锡蓝天股份有限公司 1 张转账支票（见图 2-37），用于支付该单位所欠货款 8 500 元。请审核该支票，你发现了什么问题？

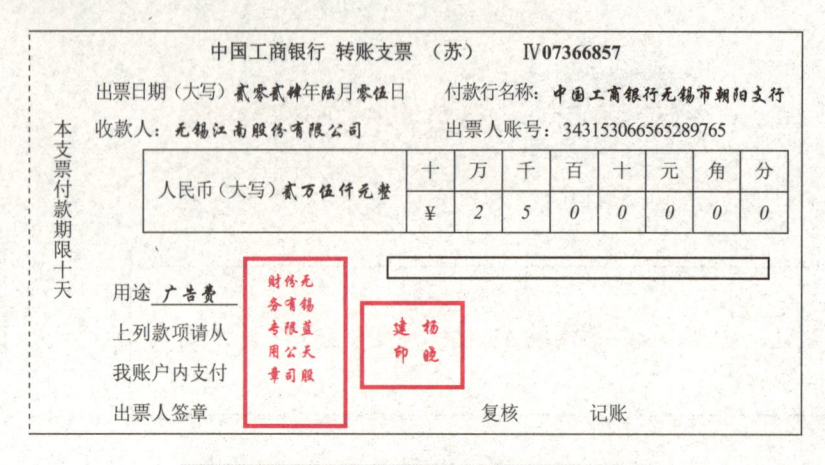

图 2-37 中国工商银行转账支票（苏）

> **提示：**
> 该转账支票金额不正确。

【实例 16】 企业收到无锡市钱桥餐饮有限公司的餐饮费发票（见图 2-38）。请审核餐饮费发票，你发现了什么问题？

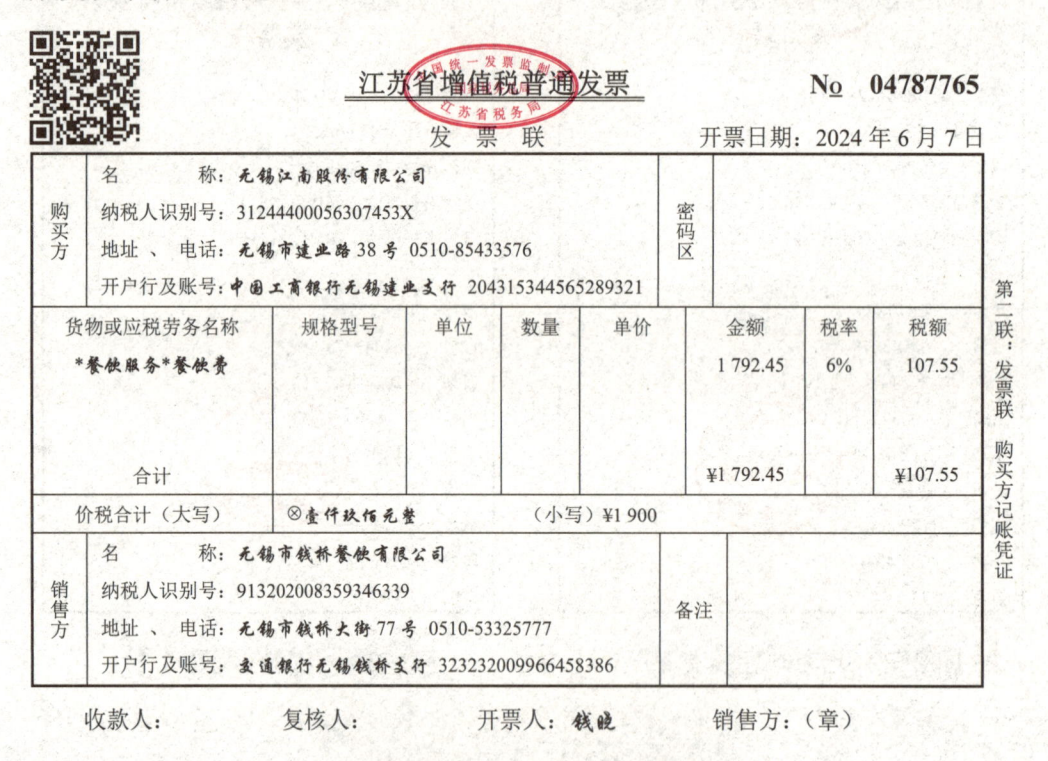

图 2-38 江苏省增值税普通发票

> **提示：**
> 该发票无公司发票专用章，原始凭证不完整，无效。

3. 审核原始凭证是否正确、清楚

【实例 17】 企业购买一批材料，业务员持增值税专用发票前来报账。请审核增值税专用

发票（见图2-39），你发现了什么问题？

江苏省增值税专用发票

No 25287309

发票联　开票日期：2024年6月12日

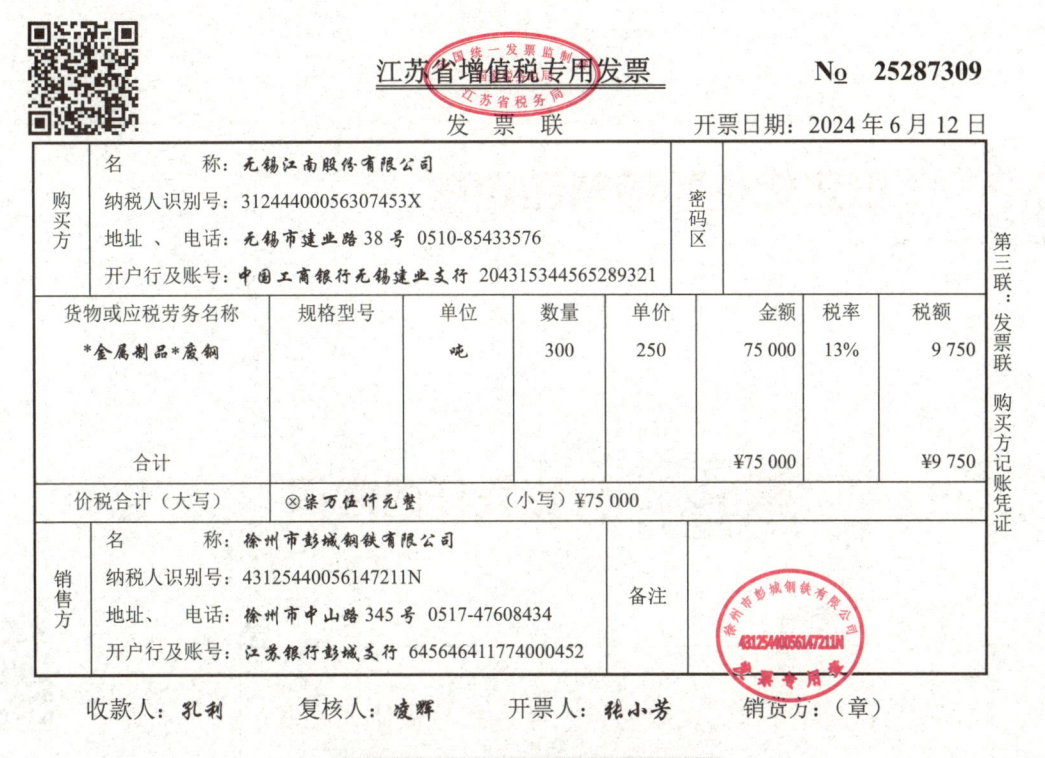

第三联：发票联　购买方记账凭证

购买方		
名　称：	无锡江南股份有限公司	
纳税人识别号：	31244400056307453X	
地址、电话：	无锡市建业路38号　0510-85433576	
开户行及账号：	中国工商银行无锡建业支行　2043153445652893 21	

密码区

货物或应税劳务名称	规格型号	单位	数量	单价	金额	税率	税额
*金属制品*废钢		吨	300	250	75 000	13%	9 750
合计					¥75 000		¥9 750

价税合计（大写）　⊗柒万伍仟元整　（小写）¥75 000

销售方		
名　称：	徐州市彭城钢铁有限公司	
纳税人识别号：	43125440056147211N	
地址、电话：	徐州市中山路345号　0517-47608434	
开户行及账号：	江苏银行彭城支行　645646411774000452	

备注

收款人：孔利　　复核人：凌辉　　开票人：张小芳　　销货方：（章）

图2-39　江苏省增值税专用发票

提示：
该发票大、小写金额均未加增值税税额。

问题2：对于审核有误的原始凭证应如何处理？

（1）对于不真实、不合法、不合理的原始凭证，会计人员有权不予受理，并上报单位负责人，追究当事人的责任，如上述【实例14】。

（2）对于真实、合法、合理但内容不完整、填写有错误的原始凭证，会计人员应退回给经办人，待更正后再办理会计手续，如上述【实例15】、【实例16】和【实例17】。

项目 3　记账凭证的填制和审核

模块 1　记账凭证的常识

问题 1：会计分录、记账凭证、传票之间是什么关系？

记账凭证常识

（1）会计分录是记账凭证的简化形式。在课堂教学中，为了方便教学，通常将记账凭证通过会计分录的形式来体现。

（2）记账凭证是会计分录的载体。在实际工作中，对发生的经济业务应编制记账凭证，会计分录是通过记账凭证上的相关项目来体现的。

（3）传票（会计工作中的传票）是记账凭证的简称。因为一张记账凭证编制完毕后需通过制单、出纳、复核、记账、会计主管等多人之手，不断传递才能完成其处理过程，所以简称为"传票"。

问题 2：在实际工作中，企业采用哪些类型的记账凭证？

（1）规模较小、业务量较少的企业通常采用通用记账凭证，即无论是收款业务、付款业务，还是转账业务，均需编制统一格式的通用记账凭证，如图 3-1 所示。

通用记账凭证

年　月　日　　　　　　　　　　　第　号

摘要	借方		√	贷方		√	金额							
	总账科目	明细科目		总账科目	明细科目		十	万	千	百	十	元	角	分
合　计														

会计主管：　　　记账：　　　复核：　　　出纳：　　　制单：

（a）

通用记账凭证

年　月　日　　　　　　　　　　　第　号

摘要	总账科目	明细科目	√	借方金额								√	贷方金额							
				十	万	千	百	十	元	角	分		十	万	千	百	十	元	角	分
合　计																			

会计主管：　　　记账：　　　复核：　　　出纳：　　　制单：

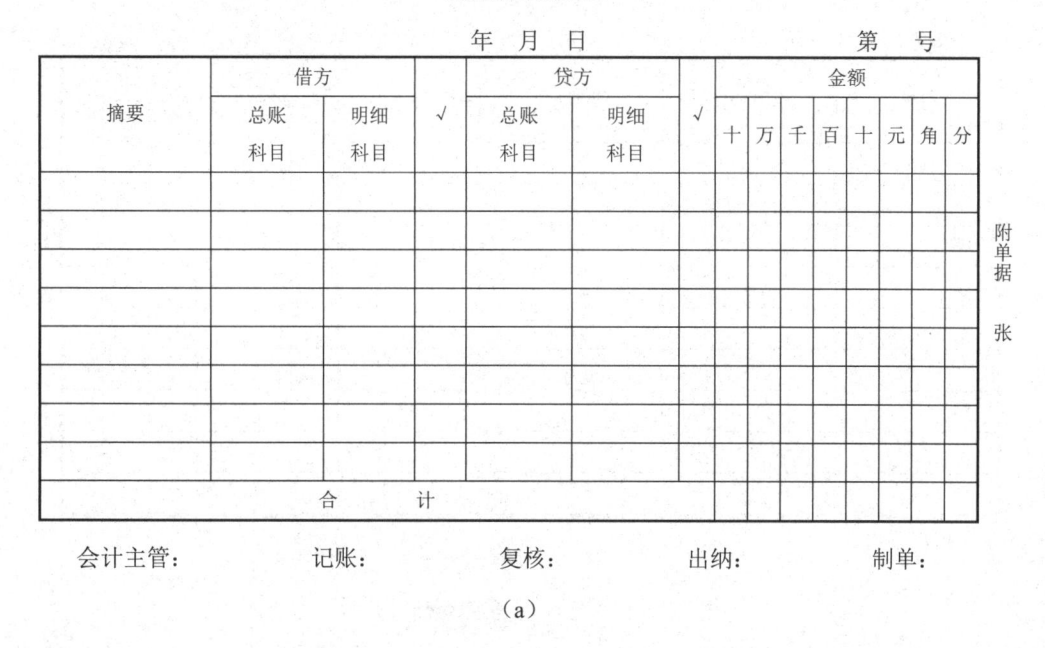

（b）

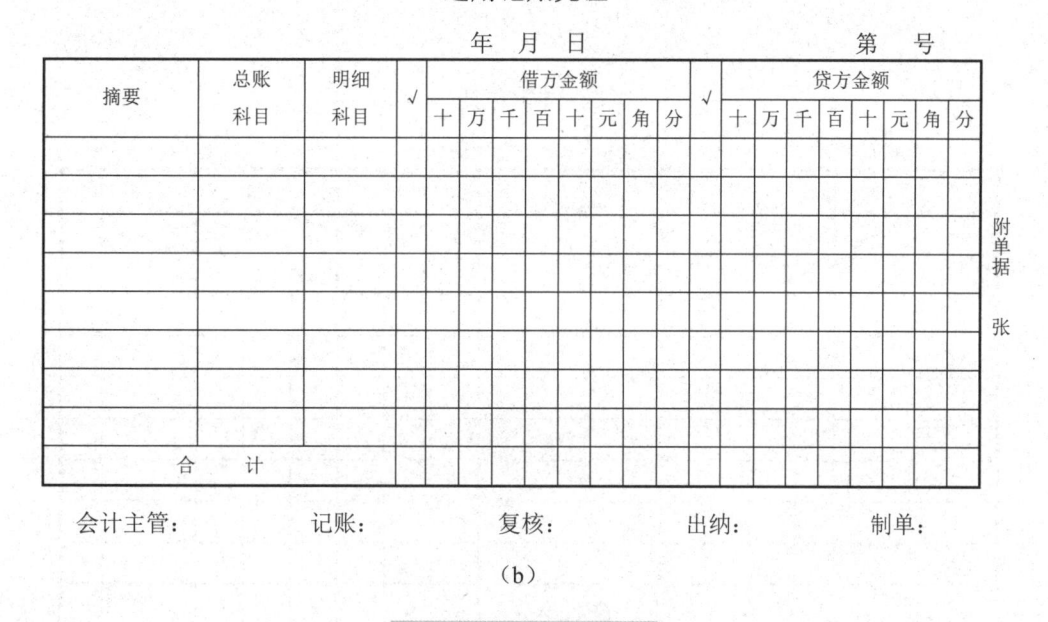

图 3-1　通用记账凭证

（2）规模较大、业务量较多的企业通常采用专用记账凭证，即对收款业务、付款业务、转账业务分别编制不同格式的记账凭证，进而形成了收款凭证（见图3-2）、付款凭证（见图3-3）和转账凭证（见图3-4）。

收款凭证

借方科目：　　　　　　　　　　年　月　日　　　　　　____收字 第　　号

摘要	贷方科目	明细科目	金额								√
			十	万	千	百	十	元	角	分	
合计											

附单据　张

会计主管：　　　　记账：　　　　复核：　　　　出纳：　　　　制单：

图 3-2　收款凭证

付款凭证

贷方科目：　　　　　　　　　　年　月　日　　　　　　____付字 第　　号

摘要	借方科目	明细科目	金额								√
			十	万	千	百	十	元	角	分	
合计											

附单据　张

会计主管：　　　　记账：　　　　复核：　　　　出纳：　　　　制单：

图 3-3　付款凭证

转账凭证

年　月　日　　　　　　转字　第　号

摘要	借方		√	贷方		√	金额								附单据　　张
	总账科目	明细科目		总账科目	明细科目		十	万	千	百	十	元	角	分	
合　　计															

会计主管：　　　记账：　　　复核：　　　制单：

（a）

转账凭证

年　月　日　　　　　　转字　第　号

摘要	总账科目	明细科目	√	借方金额								√	贷方金额								附单据　　张
				十	万	千	百	十	元	角	分		十	万	千	百	十	元	角	分	
合　　计																					

会计主管：　　　记账：　　　复核：　　　制单：

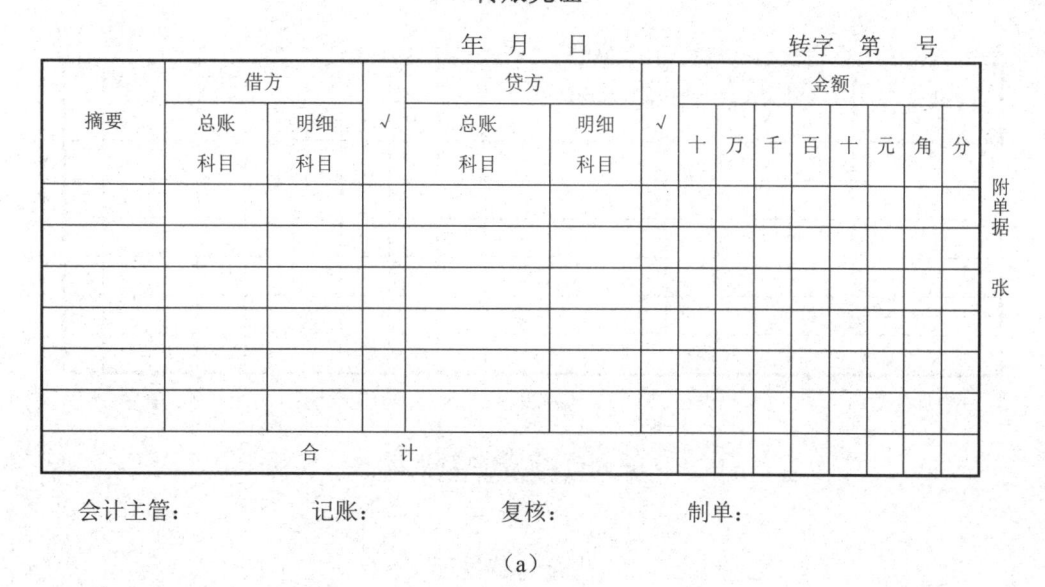

（b）

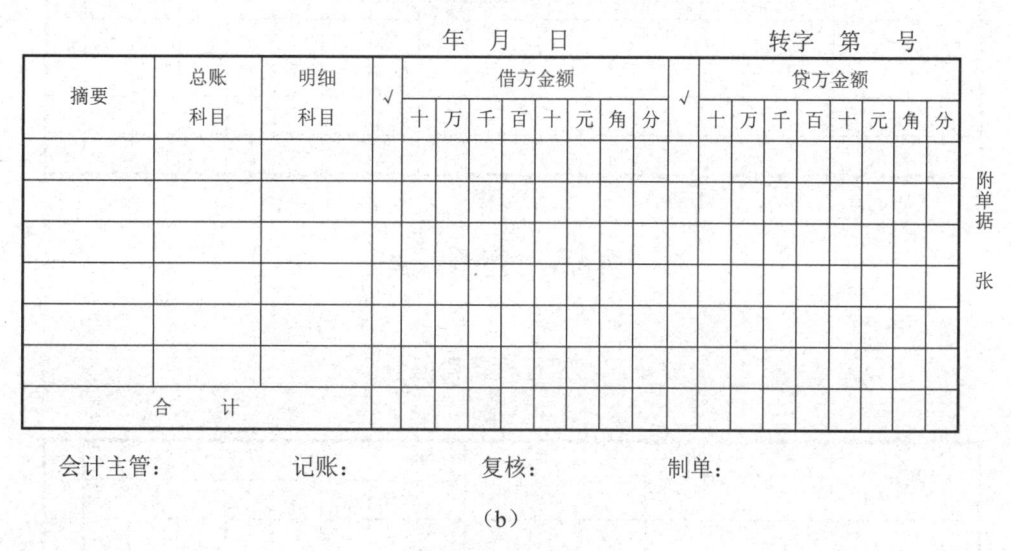

图 3-4　转账凭证

（3）在有些企业中，专用记账凭证还按收、付款方式进一步分为现金收款凭证（见图 3-5）、现金付款凭证（见图 3-6）、银行收款凭证（见图 3-7）、银行付款凭证（见图 3-8）和转账凭证（见图 3-9）。

现金收款凭证

年　月　日　　　　　　　　第　号

摘要	贷方科目	明细科目	金　额								√
			十	万	千	百	十	元	角	分	
合　计											

附单据　　张

会计主管：　　　记账：　　　复核：　　　出纳：　　　制单：

图 3-5　现金收款凭证

现金付款凭证

年　月　日　　　　　　　　第　号

摘要	借方科目	明细科目	金　额								√
			十	万	千	百	十	元	角	分	
合　计											

附单据　　张

会计主管：　　　记账：　　　复核：　　　出纳：　　　制单：

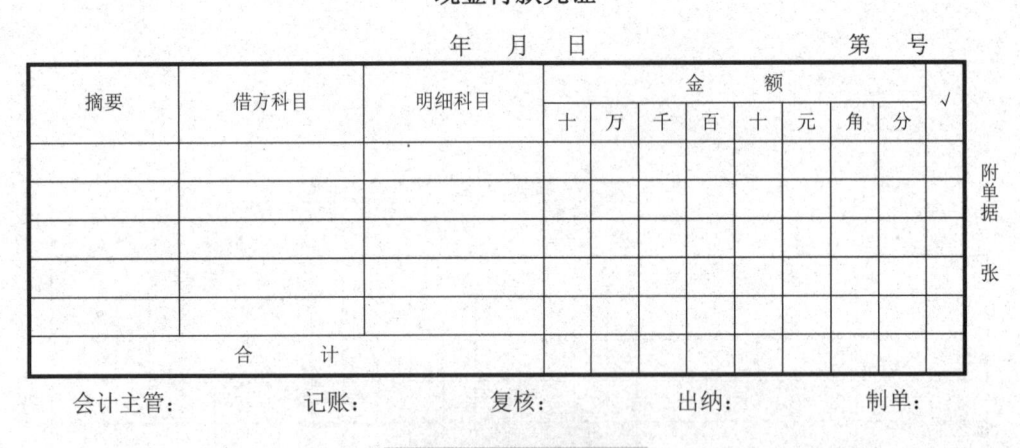

图 3-6　现金付款凭证

银行收款凭证

年　月　日　　　　　　　　第　号

摘要	贷方科目	明细科目	金　额								√
			十	万	千	百	十	元	角	分	
合　计											

附单据　　张

会计主管：　　　记账：　　　复核：　　　出纳：　　　制单：

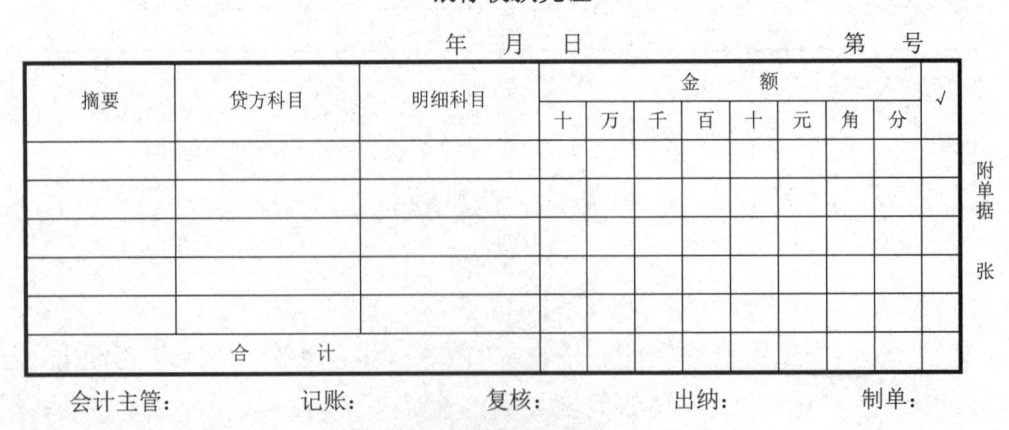

图 3-7　银行收款凭证

项目3 记账凭证的填制和审核

银行付款凭证

年　月　日　　　　　　　　　　　第　号

摘要	借方科目	明细科目	金　额	√
			十 万 千 百 十 元 角 分	
	合　　计			

会计主管：　　　记账：　　　复核：　　　出纳：　　　制单：

图 3-8　银行付款凭证

转账凭证

年　月　日　　　　　　　　　　　第　号

摘要	借方		√	贷方		√	金额
	总账科目	明细科目		总账科目	明细科目		十 万 千 百 十 元 角 分
		合　　计					

会计主管：　　　记账：　　　复核：　　　制单：

（a）

转账凭证

年　月　日　　　　　　　　　　　第　号

摘要	总账科目	明细科目	√	借方金额	√	贷方金额
				十 万 千 百 十 元 角 分		十 万 千 百 十 元 角 分
	合　　计					

会计主管：　　　记账：　　　复核：　　　制单：

（b）

图 3-9　转账凭证

问题3：记账凭证是根据什么编制的？记账凭证后面必须附有原始凭证吗？

43

（1）大部分记账凭证是根据审核无误的原始凭证或原始凭证汇总表编制的，也有些记账凭证是根据转账或错账更正等编制的。

（2）通常，记账凭证后面应附有原始凭证，但有些转账业务可不附原始凭证，如结转本年利润、错账更正等。

模块 2　记账凭证的填制

问题 1：怎样处理记账凭证后面所附的原始凭证？

记账凭证后面所附的原始凭证种类繁多，为了便于日后的装订、保管和查阅，需要在将其附在记账凭证后面之前，对其进行必要的外形加工。

（1）如果原始凭证过长、过宽，如铁路运单，应进行横向或纵向的折叠，使原始凭证的外形不长于或宽于记账凭证，同时应注意折叠部分不应超过记账凭证的装订线（原始凭证的左上角不应被覆盖），以便于日后翻阅。

（2）如果原始凭证过窄、过短，如公共汽车票，应粘贴在特制的原始凭证粘贴纸上，粘贴时应横向进行，从右到左，并注明各种原始凭证的张数、单价、金额，再附在记账凭证后面。

（3）如果原始凭证过厚，如非计算机打印的厚的火车票，应只将其表面的一层薄纸粘贴在报销凭证上。

（4）如果原始凭证过多，如领料单，可只将发料凭证汇总表附在记账凭证后面，领料单可单独装订保管。

问题 2：怎样填写记账凭证的编号？

记账凭证编号的方法有以下几种。

（1）统一编号法：将全部记账凭证按时间顺序统一编号，编为××号。

（2）字号编号法：按记账凭证的类别顺序编号，分别编为现收字第××号、现付字第××号、银收字第××号、银付字第××号、转字第××号。

（3）双重编号法：按总字顺序编号与按类别编号相结合，如某现金收款凭证的编号为"总字第××号，现收字××号"。

另外，对于一笔经济业务，若需要填制多张记账凭证，则可采用分数编号法，如记账凭证的编号转字第 35 号，需填两张记账凭证时，可编转字第 35（1/2）号、转字第 35（2/2）号。

问题 3：记账凭证填错了怎么办？

如果在填制记账凭证时发生差错，则应重新填制；但如果发现已经登记入账的记账凭证有错误，则应采用错账更正方法进行更正。

问题 4：怎样计算和填写所附原始凭证张数？

记账凭证所附原始凭证张数的计算原则：没有经过汇总的原始凭证，按自然张数计算，有一张算一张；经过汇总的原始凭证，每一张汇总单或汇总表算一张。例如，职工报销差旅费，共有各种车票、住宿发票等原始凭证 26 张，均应附在汇总单——差旅费报销单后面，并在差旅费报销单上注明附原始凭证 26 张，但在填制记账凭证时，所附原始凭证张数应填 1 张，即差旅费报销单。

所附原始凭证张数应用阿拉伯数字填写。

问题 5：在同一项经济业务中，既有收付业务，又有转账业务，应怎样填制记账凭证？

对于既有收付业务，又有转账业务的经济业务，应分别填制收款凭证、付款凭证和转账凭证。例如，本项目【实例 3】应分别填制转账凭证和收款凭证，所附的原始凭证分别为差旅费报销单和收据。

问题 6：对于现金、银行存款之间相互划转的业务，应填制哪一种专用记账凭证？

对于现金、银行存款之间相互划转的业务，如从银行提取现金或将多余现金存入银行，为了避免重复记账，只需填制付款凭证，不填制收款凭证。例如，从银行提取现金时，只填制银行付款凭证；将多余现金存入银行时，只填制现金付款凭证。

现举例说明记账凭证的编制方法。

2024 年 6 月 16 日，无锡江南股份有限公司出纳员许佳敏已办理了相关业务，现将有关原始凭证整理后交会计龚丽编制记账凭证。

【实例 1】 中国工商银行现金支票存根（苏）如图 3-10 所示。

```
中国工商银行
现金支票存根（苏）
VI00213449
附加信息
_____
_____

出票日期 2024 年 6 月 16 日
收款人：无锡江南股份有限公司
金　额：¥5 000
用　途：备用金

单位主管  洪凯生   会计  龚丽
```

图 3-10　中国工商银行现金支票存根（苏）

【实例 2】 借款申请单如图 3-11 所示。

借款申请单

2024 年 6 月 16 日

借款单位	供应科王强						
用　途	出差预借差旅费						
金额（大写）人民币贰仟元整				¥2 000			
还款计划	2024 年 6 月 20 日						现金付讫
领导批准	洪凯生	财务审批	袁红萍	部门审批	黄静	出纳付款	
借款人	王强			备　注			

图 3-11　借款申请单

【实例 3】 无锡江南股份有限公司出差费用报销单和收据如图 3-12 和图 3-13 所示（注：所附原始凭证略）。

无锡江南股份有限公司出差费用报销单

出差事由：南京订货会　　填报日期：2024 年 6 月 16 日　　附原始凭证 9 张

月	日	起止时间	起讫地点	车船费 车次	车船费 金额	途中补贴 金额	住勤补贴 天数	住勤补贴 金额	误餐补贴 中	误餐补贴 晚	金额	旅馆费	市内交通费	行李搬运费	其他
6	10	午时分 / 午时分	无锡至南京		60										
6	15	午时分 / 午时分	南京至无锡		60		6	120				450	60		
		支 出 小 计			120			120				450	60		
预支金额		1 000	应付(退)金额	250		支出金额（大写）		人民币柒佰伍拾元整							
领导审核		洪凯生	财务经理	袁红萍		部门经理		夏均	报销人	刘永生					

图 3-12　无锡江南股份有限公司出差费用报销单

项目3　记账凭证的填制和审核

收　据　　　　　　　№　0008761

2024 年 6 月 16 日

交款单位　刘永生　　　　　　　　　收款方式　现金

人民币（大写）　壹仟元整　　　　　　￥1 000

收款事由　还款　　　　　　　　　　　　现金收讫

2024 年 6 月 16 日

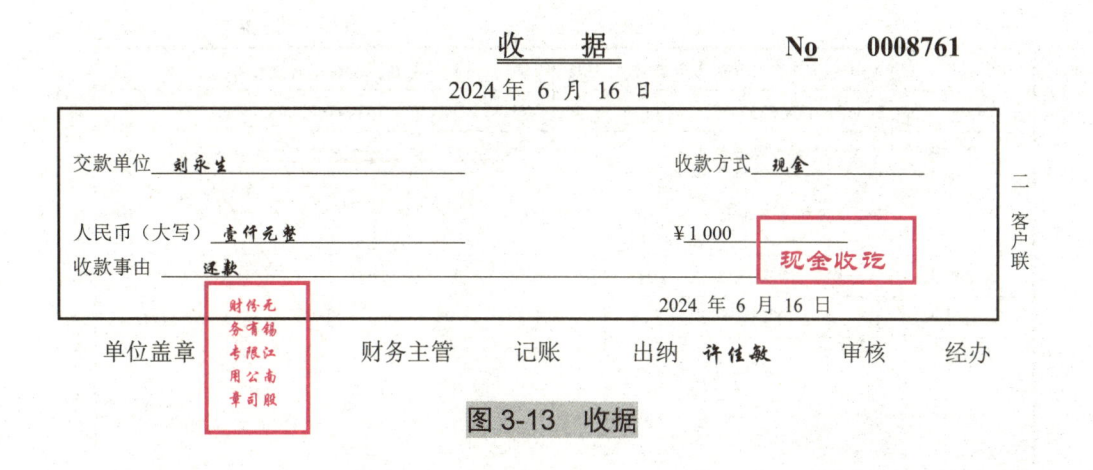

单位盖章　　　财务主管　　记账　　出纳　许佳敏　　审核　　经办

二客户联

图 3-13　收据

【实例 4】江苏省增值税专用发票、中国工商银行进账单（收账通知）如图 3-14 和图 3-15 所示。

江苏省增值税专用发票　　№　03287398

此联不作报销、扣款使用　　开票日期：2024 年 6 月 7 日

购买方	名　称：无锡市华锦集团有限责任公司 纳税人识别号：32120045612800031M 地址、电话：无锡市解放北路88号　0510-83708867 开户行及账号：中国工商银行解放路支行　2034511480665224222	密码区				
货物或应税劳务名称	规格型号	单位	数量	单价	金额	税率	税额
*金属制品*凭证装订机		台	1	650	650	13%	84.5
合计					￥650		￥84.5
价税合计（大写）	⊗柒佰叁拾肆元伍角整　　　（小写）￥734.5
销售方	名　称：无锡江南股份有限公司 纳税人识别号：31244400056307453X 地址、电话：无锡市建业路38号　0510-85433576 开户行及账号：中国工商银行无锡建业支行　2043153445652899321	备注	

收款人：　　　复核人：　　　开票人：杨芳　　　销售方：（章）

第一联：记账联　销售方记账凭证

图 3-14　江苏省增值税专用发票

▶ 47

中国工商银行进账单（收账通知）

2024年6月16日　　　　第0678号

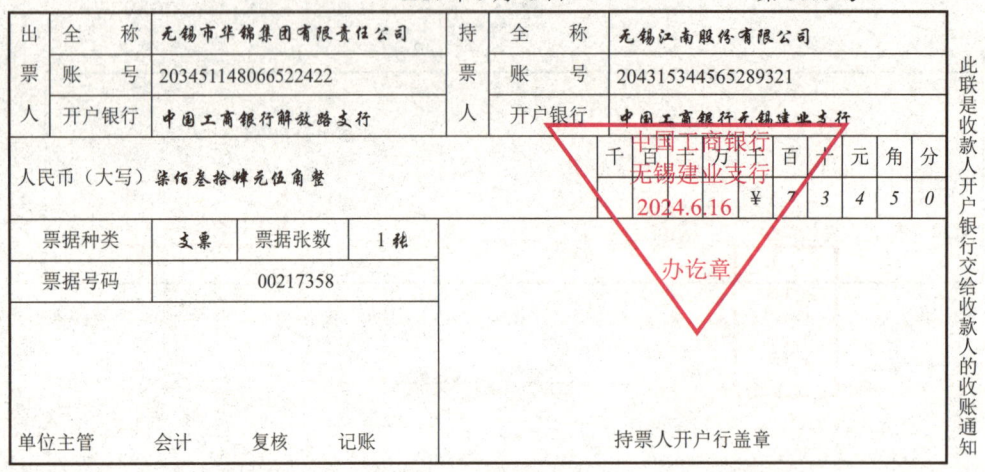

出票人	全称	无锡市华锦集团有限责任公司	持票人	全称	无锡江南股份有限公司
	账号	203451148066522422		账号	204315344565289321
	开户银行	中国工商银行解放路支行		开户银行	中国工商银行无锡建业支行

人民币（大写）柒佰叁拾柒元伍角整　　￥　7　3　4　5　0

票据种类	支票	票据张数	1张
票据号码		00217358	

（盖章：中国工商银行无锡建业支行 2024.6.16 办讫章）

单位主管　　会计　　复核　　记账　　持票人开户行盖章

图3-15　中国工商银行进账单（收账通知）

【实例5】 无锡江南股份有限公司付款申请书、中国工商银行业务回单（付款）、江苏省增值税专用发票如图3-16～图3-18所示。

无锡江南股份有限公司付款申请书

2024年6月16日

用途	金额										收款单位：无锡光线传媒有限公司
	亿	千	百	十	万	千	百	十	元	角	分
广告代理费					￥1	2	0	0	0	0	0	账号：323232000099666242
												开户行：中国农业银行无锡惠山支行
金额大写（合计）	人民币壹万贰仟元整										电汇□　转账□　汇票□　网银☑　其他□
总经理	洪凯生	财务部门		经理	袁红萍	经办部门	经理	缪洪围
				会计	龚丽		经办人	王博

图3-16　无锡江南股份有限公司付款申请书

ICBC 中国工商银行　　凭证

日期　2024年6月16日　　　　业务回单（付款）

回单编号：18062000778

付款人户名：无锡江南股份有限公司　　付款人开户行：中国工商银行无锡建业支行
付款人账号：204315344565289321
收款人户名：无锡光线传媒有限公司　　收款人开户行：中国农业银行无锡惠山支行
收款人账号：323232000099666242
金额：壹万贰仟元整　　小写：12 000元
业务（产品）种类：　　凭证种类：00000000　　凭证号码：00000000000000000000
摘要：广告代理费　　用途：　　币种：人民币
交易机构：0110300421　　记账柜员：00020　　交易代码：45296　　渠道：网上银行
附言：
支付交易序号：61157926　　报文种类：大客户发起汇兑业务　　委托日期：2024年5月16日
业务类型：普通汇兑　　指令编号：HQP14180654　　　　　　　提交人：
本回单为第一次打印，注意重复　　打印日期：2024年6月16日　　打印柜员：8　　验证码：OBBE6CA7786

（盖章：中国工商银行无锡建业支行 自助回单机专用章 0037）

图3-17　中国工商银行业务回单（付款）

项目3 记账凭证的填制和审核

江苏省增值税专用发票 No 05787389

发 票 联　　开票日期：2024 年 5 月 16 日

购买方	名　　称：	无锡江南股份有限公司
	纳税人识别号：	3124440056307453X
	地址、电话：	无锡市建业路38号 0510-85433576
	开户行及账号：	中国工商银行无锡建业支行 2043153445652893211

货物或应税劳务名称	规格型号	单位	数量	单价	金额	税率	税额
*现代服务*广告制作费					11 320.75	6%	679.25
合计					¥11 320.75		¥679.25

价税合计（大写）　⊗壹万贰仟元整　　（小写）¥12 000

销售方	名　　称：	无锡光线传媒有限公司
	纳税人识别号：	91320200835934622A
	地址、电话：	无锡市文辰路108号 0510-53694222
	开户行及账号：	中国农业银行无锡惠山支行 3232320000996666242

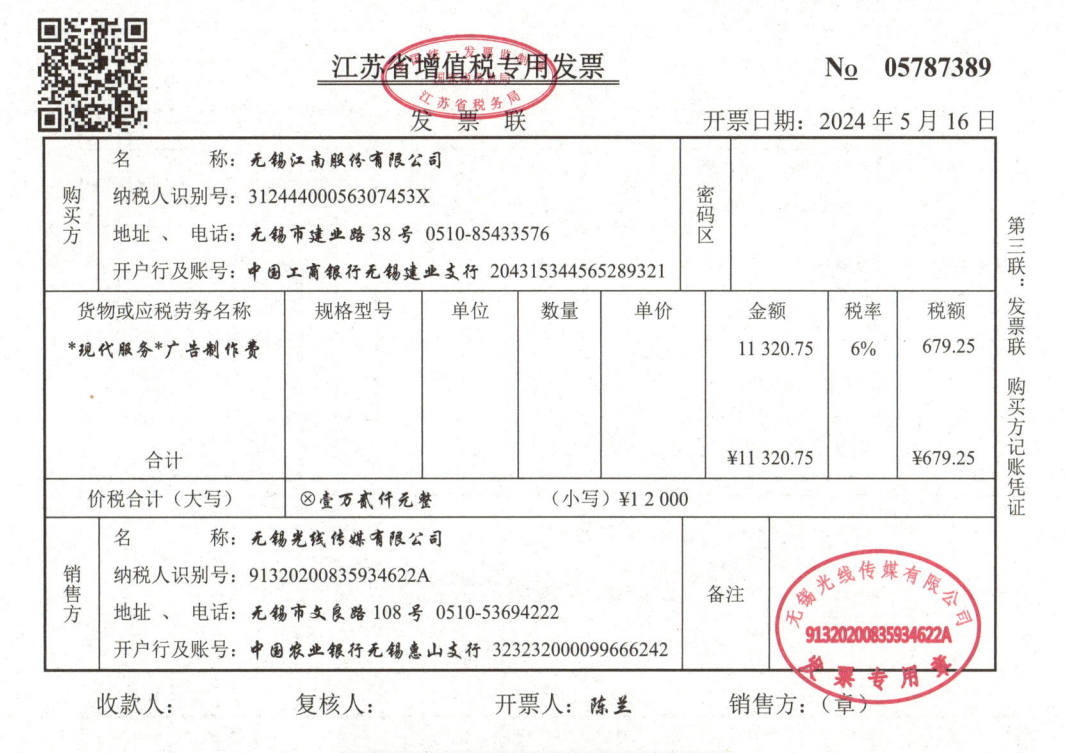

收款人：　　复核人：　　开票人：陈兰　　销售方：（章）

图3-18　江苏省增值税专用发票

根据上述原始凭证，你能分析出该企业当天发生的经济业务吗？

> **提示：**
> 【实例1】 如图3-10所示，从银行提取现金备用。
> 【实例2】 如图3-11所示，以现金方式支付王强预借差旅费。
> 【实例3】 如图3-12和图3-13所示，刘永生报销差旅费，交回备用金。
> 【实例4】 如图3-14和图3-15所示，销售产品，收到转账支票并已办妥进账手续。
> 【实例5】 如图3-16～图3-18所示，采用网银向无锡光线传媒有限公司支付广告制作费。

1. 通用记账凭证下记账凭证的填制

龚丽应先审核各笔经济业务的原始凭证，审核无误后填制通用记账凭证，并将原始凭证分别附在相应的记账凭证后面。

根据【实例1】填制通用记账凭证（见图3-19）；附原始凭证：中国工商银行现金支票存根（苏）。

根据【实例2】填制通用记账凭证（见图3-20）；附原始凭证：借款申请单。

根据【实例3】填制通用记账凭证（见图3-21）；附原始凭证：无锡江南股份有限公司出差费用报销单（含各种出差票据）、收据。

根据【实例4】填制通用记账凭证（见图3-22）；附原始凭证：江苏省增值税专用发票、中国工商银行进账单（收账通知）。

根据【实例5】填制通用记账凭证（见图3-23）；附原始凭证：无锡江南股份有限公司付款申请书、中国工商银行业务回单（付款）、江苏省增值税专用发票。

通用记账凭证

2024 年 6 月 16 日　　　　　　　　　　第 31 号

摘要	借方 总账科目	借方 明细科目	√	贷方 总账科目	贷方 明细科目	√	金额 十万千百十元角分
提现备用	库存现金	人民币		银行存款	工行建业支行		5 0 0 0 0 0
合　　计							￥5 0 0 0 0 0

会计主管：　　记账：　　复核：　　出纳：许佳敏　　制单：龚丽

附单据 1 张

图 3-19　通用记账凭证

通用记账凭证

2024 年 6 月 16 日　　　　　　　　　　第 32 号

摘要	借方 总账科目	借方 明细科目	√	贷方 总账科目	贷方 明细科目	√	金额 十万千百十元角分
借出差旅费	其他应收款	备用金（王强）		库存现金	人民币		2 0 0 0 0 0
合　　计							￥2 0 0 0 0 0

会计主管：　　记账：　　复核：　　出纳：许佳敏　　制单：龚丽

附单据 1 张

图 3-20　通用记账凭证

通用记账凭证

2024 年 6 月 16 日　　　　　　　　　　第 33 号

摘要	借方 总账科目	借方 明细科目	√	贷方 总账科目	贷方 明细科目	√	金额 十万千百十元角分
报销差旅费	管理费用	差旅费		其他应收款	备用金（刘承生）		7 5 0 0 0
收多余款	库存现金	人民币		其他应收款	备用金（刘承生）		2 5 0 0 0
合　　计							￥1 0 0 0 0 0

会计主管：　　记账：　　复核：　　出纳：许佳敏　　制单：龚丽

附单据 2 张

图 3-21　通用记账凭证

通用记账凭证

2024 年 6 月 16 日　　　　　　　　　第 34 号

摘要	借方		√	贷方		√	金额
	总账科目	明细科目		总账科目	明细科目		十 万 千 百 十 元 角 分
销售产品	银行存款	基本户		主营业务收入	凭证装订机		6 5 0 0 0
	银行存款	基本户		应交税费	应交增值税（销项税额）		8 4 5 0
合　　计							¥ 　7 3 4 5 0

附单据 2 张

会计主管：　　　记账：　　　复核：　　　出纳：**许佳敏**　　　制单：**龚丽**

图 3-22　通用记账凭证

通用记账凭证

2024 年 6 月 16 日　　　　　　　　　第 35 号

摘要	借方		√	贷方		√	金额
	总账科目	明细科目		总账科目	明细科目		十 万 千 百 十 元 角 分
付广告费	销售费用	广告费		银行存款	基本户		1 1 3 2 0 7 5
	应交税费	应交增值税（进税额）		银行存款	基本户		6 7 9 2 5
合　　计							¥ 1 2 0 0 0 0 0

附单据 3 张

会计主管：　　　记账：　　　复核：　　　出纳：**许佳敏**　　　制单：**龚丽**

图 3-23　通用记账凭证

2. 专用记账凭证（三种格式）下记账凭证的填制

龚丽应先审核各笔经济业务的原始凭证，审核无误后填制专用记账凭证，并将原始凭证分别附在相应的记账凭证后面。

根据【实例 1】填制付款凭证（见图 3-24）；附原始凭证：中国工商银行现金支票存根（苏）。

根据【实例 2】填制付款凭证（见图 3-25）；附原始凭证：借款申请单。

根据【实例 3】填制转账凭证（见图 3-26）；附原始凭证：无锡江南股份有限公司出差费用报销单。填制收款凭证（见图 3-27）；附原始凭证：收据。

根据【实例 4】填制收款凭证（见图 3-28）；附原始凭证：江苏省增值税专用发票、中国工商银行进账单（收账通知）。

根据【实例 5】填制付款凭证（见图 3-29）；附原始凭证：无锡江南股份有限公司付款申请书、中国工商银行业务回单（付款）、江苏省增值税专用发票。

付款凭证

贷方科目：银行存款　　　2024年6月16日　　　银付字 第 21 号

摘要	借方科目	明细科目	金额 十 万 千 百 十 元 角 分	√
提现备用	库存现金	人民币	5 0 0 0 0 0	
合 计			¥ 5 0 0 0 0 0	

附单据1张

会计主管：　　记账：　　复核：　　出纳：许佳敏　　制单：龚丽

图 3-24　付款凭证

付款凭证

贷方科目：库存现金　　　2024年6月16日　　　现付字 第 11 号

摘要	借方科目	明细科目	金额 十 万 千 百 十 元 角 分	√
借出差旅费	其他应收款	备用金（王强）	2 0 0 0 0 0	
合 计			¥ 2 0 0 0 0 0	

附单据1张

会计主管：　　记账：　　复核：　　出纳：许佳敏　　制单：龚丽

图 3-25　付款凭证

转账凭证

2024年6月16日　　　转字第 9 号

摘要	借方 总账科目	明细科目	√	贷方 总账科目	明细科目	√	金额 十 万 千 百 十 元 角 分
报销差旅费	管理费用	差旅费		其他应收款	备用金(刘永生)		7 5 0 0
合 计							¥ 7 5 0 0

附单据1张

会计主管：　　记账：　　复核：　　制单：龚丽

（a）

图 3-26　转账凭证

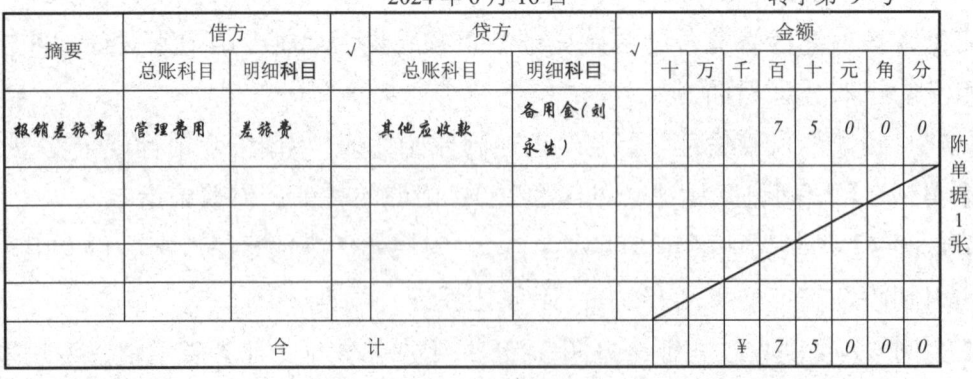

转账凭证

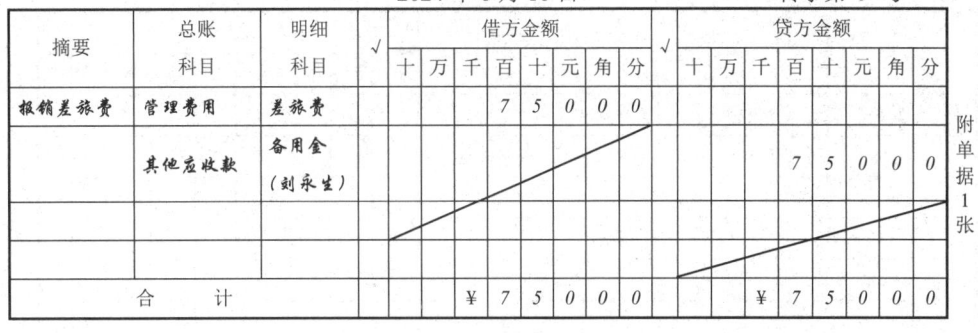

2024 年 6 月 16 日　　　　　转字第 9 号

摘要	总账科目	明细科目	√	借方金额 十万千百十元角分	√	贷方金额 十万千百十元角分
报销差旅费	管理费用	差旅费		7 5 0 0 0		
	其他应收款	备用金（刘承生）				7 5 0 0 0
合　　计				¥ 7 5 0 0 0		¥ 7 5 0 0 0

附单据 1 张

会计主管：　　　记账：　　　复核：许佳敏　　　制单：龚丽

（b）

图 3-26　转账凭证（续）

收款凭证

借方科目：库存现金　　　2024 年 6 月 16 日　　　现收字 第 6 号

摘要	贷方科目	明细科目	金额 十万千百十元角分	√
收多余款	其他应收款	备用金（刘承生）	2 5 0 0 0	
合　　计			¥ 2 5 0 0 0	

附单据 1 张

会计主管：　　记账：　　复核：　　出纳：许佳敏　　制单：龚丽

图 3-27　收款凭证

收款凭证

借方科目：银行存款　　　2024 年 6 月 16 日　　　银收字 第 26 号

摘要	贷方科目	明细科目	金额 十万千百十元角分	√
销售产品	主营业务收入	凭证装订机	6 5 0 0 0	
	应交税费	应交增值税（销项税额）	8 4 5 0	
合　　计			¥ 7 3 4 5 0	

附单据 2 张

会计主管：　　记账：　　复核：　　出纳：许佳敏　　制单：龚丽

图 3-28　收款凭证

付款凭证

贷方科目：银行存款　　　2024 年 6 月 16 日　　　银付字 第 22 号

摘要	借方科目	明细科目	金额 十万千百十元角分	√
付广告费	销售费用	广告制作费	1 1 3 2 0 7 5	
	应交税费	应交增值税（进项税额）	6 7 9 2 5	
		合　　计	¥ 1 2 0 0 0 0 0	

附单据 3 张

会计主管：　　记账：　　复核：　　出纳：许佳敏　　制单：龚丽

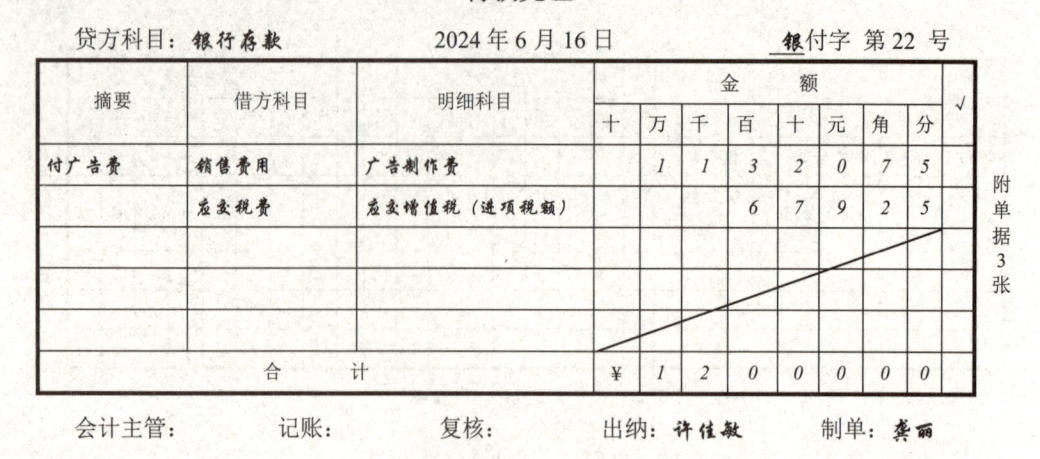

图 3-29　付款凭证

3. 专用记账凭证（五种格式）下记账凭证的填制

龚丽应先审核各笔经济业务的原始凭证，审核无误后填制专用记账凭证，并将原始凭证分别附在相应的记账凭证后面。

根据【实例 1】填制银行付款凭证（见图 3-30）；附原始凭证：中国工商银行现金支票存根（苏）。

根据【实例 2】填制现金付款凭证（见图 3-31）；附原始凭证：借款申请单。

根据【实例 3】填制转账凭证（见图 3-32）；附原始凭证：无锡江南股份有限公司出差费用报销单。填制现金收款凭证（见图 3-33）；附原始凭证：收据。

根据【实例 4】填制银行收款凭证（见图 3-34）；附原始凭证：江苏省增值税专用发票、中国工商银行进账单（收账通知）。

根据【实例 5】填制银行付款凭证（见图 3-35）；附原始凭证：无锡江南股份有限公司付款申请书、中国工商银行业务回单（付款）、江苏省增值税专用发票。

银行付款凭证

2024 年 6 月 16 日　　　第 21 号

摘要	借方科目	明细科目	金额 十万千百十元角分	√
提现备用	库存现金	人民币	5 0 0 0 0 0	
		合　　计	¥ 5 0 0 0 0 0	

附单据 1 张

会计主管：　　记账：　　复核：　　出纳：许佳敏　　制单：龚丽

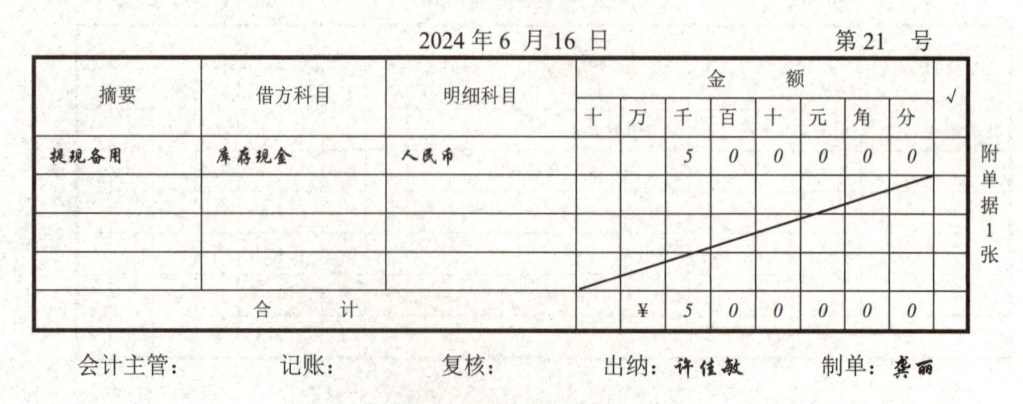

图 3-30　银行付款凭证

现金付款凭证

2024 年 6 月 16 日　　　　　　　　　　第 11 号

摘要	借方科目	明细科目	金额 十万千百十元角分	√
借出差旅费	其他应收款	备用金（王强）	2 0 0 0 0 0	
	合　　计		¥ 2 0 0 0 0 0	

会计主管：　　记账：　　复核：　　出纳：许佳敏　　制单：龚丽

附单据1张

图 3-31　现金付款凭证

转账凭证

2024 年 6 月 16 日　　　　　　　　　　转字第 9 号

摘要	借方 总账科目	明细科目	√	贷方 总账科目	明细科目	√	金额 十万千百十元角分
报销差旅费	管理费用	差旅费		其他应收款	备用金（刘永生）		7 5 0 0 0
		合　　计					¥ 7 5 0 0 0

会计主管：　　记账：　　复核：　　制单：龚丽

附单据1张

（a）

转账凭证

2024 年 6 月 16 日　　　　　　　　　　转字第 9 号

摘要	总账科目	明细科目	√	借方金额 十万千百十元角分	√	贷方金额 十万千百十元角分
报销差旅费	管理费用	差旅费		7 5 0 0 0		
	其他应收款	备用金（刘永生）				7 5 0 0 0
	合　　计			¥ 7 5 0 0 0		¥ 7 5 0 0 0

会计主管：　　记账：　　复核：　　制单：龚丽

附单据1张

（b）

图 3-32　转账凭证

现金收款凭证

2024 年 6 月 16 日　　　　第 6 号

摘要	贷方科目	明细科目	十万	万	千	百	十	元	角	分	√
收多余款	其他应收款	备用金（刘永生）				2	5	0	0	0	
	合　　计		¥			2	5	0	0	0	

附单据 1 张

会计主管：　　　记账：　　　复核：　　　出纳：**许佳敏**　　　制单：**龚丽**

图 3-33　现金收款凭证

银行收款凭证

2024 年 6 月 16 日　　　　第 26 号

摘要	贷方科目	明细科目	十万	万	千	百	十	元	角	分	√
销售产品	主营业务收入	凭证装订机				6	5	0	0	0	
	应交税费	应交增值税（进项税额）					8	4	5	0	
	合　　计		¥			7	3	4	5	0	

附单据 1 张

会计主管：　　　记账：　　　复核：　　　出纳：**许佳敏**　　　制单：**龚丽**

图 3-34　银行收款凭证

银行付款凭证

2024 年 6 月 16 日　　　　第 22 号

摘要	借方科目	明细科目	十万	万	千	百	十	元	角	分	√
付广告费	销售费用	广告费		1	1	3	2	0	7	5	
	应交税费	应交增值税（进项税额）				6	7	9	2	5	
	合　　计		¥	1	2	0	0	0	0	0	

附单据 1 张

会计主管：　　　记账：　　　复核：　　　出纳：**许佳敏**　　　制单：**龚丽**

图 3-35　银行付款凭证

模块 3　记账凭证的审核和装订

问题 1：记账凭证审核的要点有哪些？

（1）审核记账凭证后面是否附有原始凭证，记账凭证的内容与原始凭证的经济业务是否相符，原始凭证的张数与记账凭证和报销单上所列的张数是否相符。

（2）审核记账凭证应借、应贷会计科目是否正确。

（3）审核记账凭证的金额与所附原始凭证的金额是否一致。

（4）审核记账凭证填写是否齐全，相关人员是否签名、盖章。

经过审核，如果发现尚未登记入账的记账凭证有错误，应重新填制；如果发现已经登记入账的记账凭证有错误，应采用错账更正方法进行更正。

下面是根据审核无误的原始凭证填制的记账凭证，制单员填制的记账凭证后由你审核，你能发现什么问题？

【**实例 6**】　付款凭证如图 3-36 所示，所附原始凭证（借款申请单）如图 3-37 所示。

付款凭证

贷方科目：**库存现金**　　　　　2024 年 6 月 6 日　　　　　现付字第 13 号

摘要	贷方科目	明细科目	金额（十万千百十元角分）	√
借出差旅费	应收账款		3 0 0 0 0 0	
合　　计			3 0 0 0 0 0	

附单据 1 张

会计主管：　　　记账：　　　复核：　　　出纳：　　　制单：

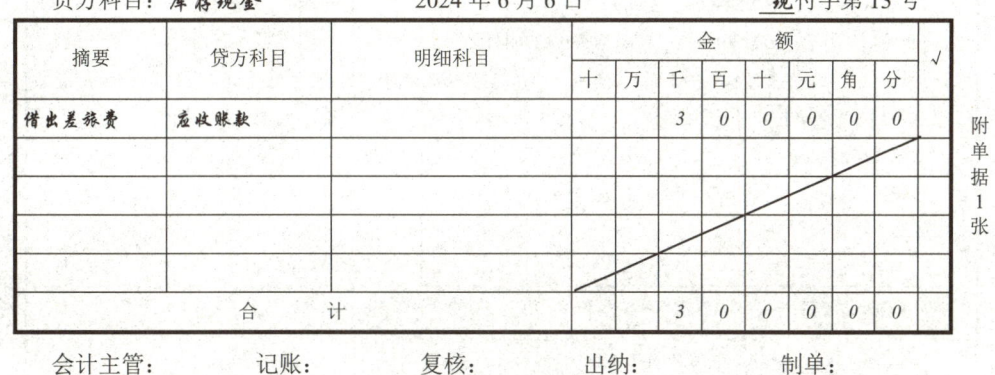

图 3-36　付款凭证

借款申请单

2024 年 6 月 5 日

借款单位	办公室杨影						
用途	出差预借差旅费						
金额（大写）	人民币叁仟元整		¥3 000		**现金付讫**		
还款计划	2024 年 6 月 25 日						
领导批准	洪凯生	财务审批	袁红萍	部门审批	黄静	出纳付款	许佳敏
借款人	杨影			备　注			

图 3-37　借款申请单

该付款凭证存在的问题：①会计科目错误，借出差旅费应记入"其他应收款"科目；②明细科目未反映，应在明细科目中注明"备用金（杨影）"；③制单、出纳未签名（其他签名尚未到传递步骤）；④合计金额前未写人民币符号。

【实例 7】 收款凭证如图 3-38 所示，所附原始凭证如图 3-39、图 3-40 所示。

收款凭证

借方科目：银行存款　　　　2024 年 6 月 12 日　　　　　银收字第 14 号

摘要	贷方科目	明细科目	金　额	√
			十 万 千 百 十 元 角 分	
出借打印机	主营业务收入	打印机	8 0 0 0 0 0	附单据1张
	应交税费	应交增值税（销项税额）	1 0 4 0 0 0 0	
	合　　　计		¥ 9 0 4 0 0 0 0	

会计主管：　　　记账：　　　复核：　　　出纳：许佳敏　　　制单：龚丽

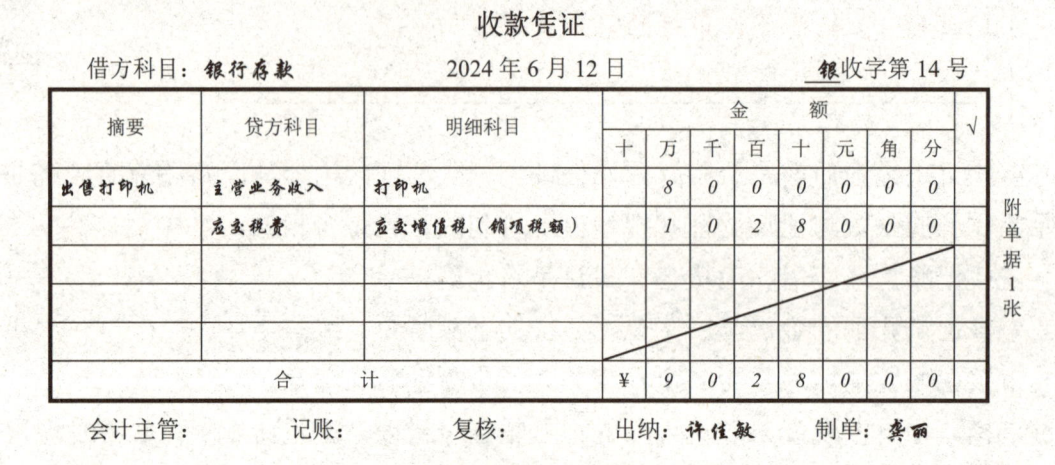

图 3-38　收款凭证

江苏省增值税专用发票　　　　No 03287311

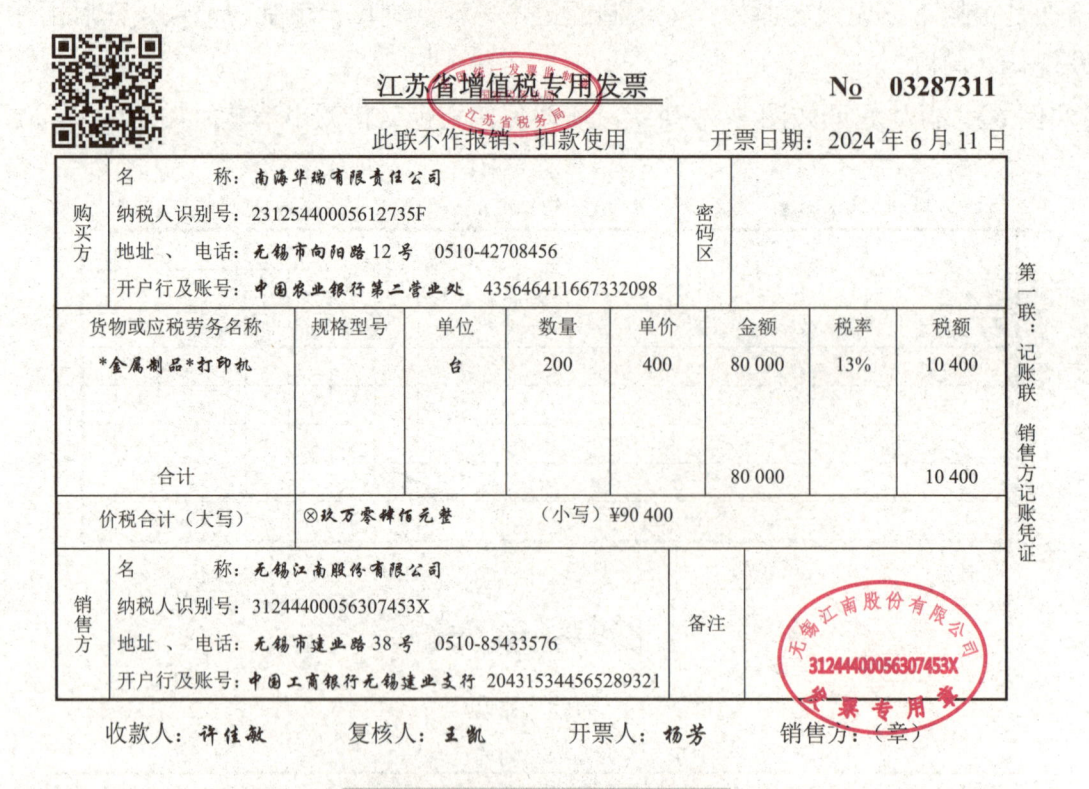

此联不作报销、扣款使用　　　开票日期：2024 年 6 月 11 日

购买方	名　称：南海华瑞有限责任公司 纳税人识别号：23125440005612735F 地址、电话：无锡市向阳路 12 号　0510-42708456 开户行及账号：中国农业银行第二营业处　4356464 11667332098	密码区	
货物或应税劳务名称	规格型号	单位	数量	单价	金额	税率	税额
*金属制品*打印机		台	200	400	80 000	13%	10 400
合计					80 000		10 400
价税合计（大写）	⊗玖万零肆佰元整	（小写）¥90 400
销售方	名　称：无锡江南股份有限公司 纳税人识别号：31244400056307453X 地址、电话：无锡市建业路 38 号　0510-85433576 开户行及账号：中国工商银行无锡建业支行　204315344565289321	备注	

收款人：许佳敏　　　复核人：王凯　　　开票人：杨芳　　　销售方：（章）

图 3-39　江苏省增值税专用发票

中国工商银行进账单（收账通知）

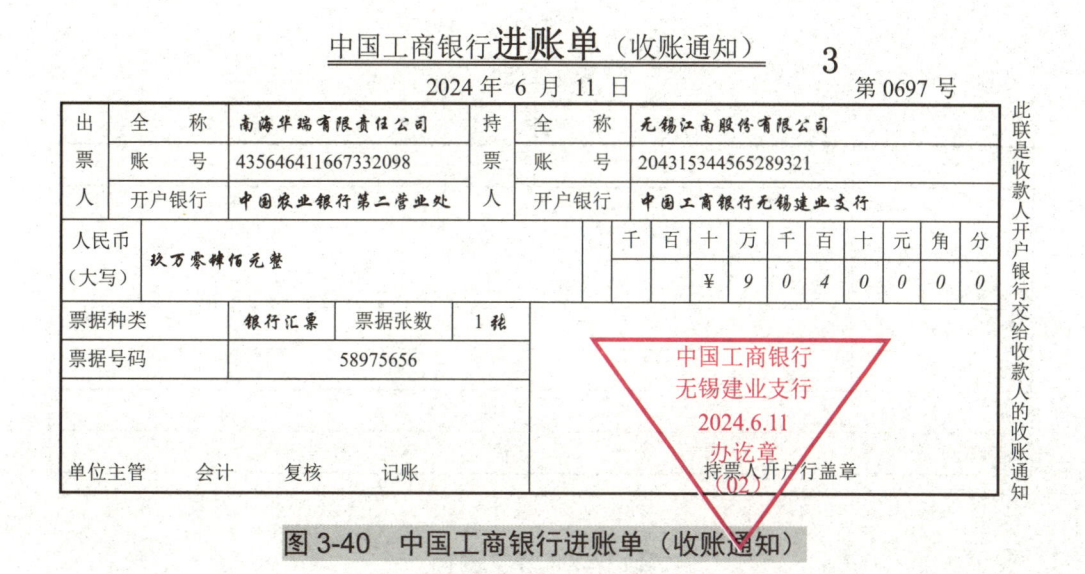

2024 年 6 月 11 日　　　3　　　第 0697 号

出票人	全　称	南海华瑞有限责任公司	持票人	全　称	无锡江南股份有限公司
	账　号	435646411667332098		账　号	204315344565289321
	开户银行	中国农业银行第二营业处		开户银行	中国工商银行无锡建业支行

人民币（大写）	玖万零肆佰元整	千	百	十	万	千	百	十	元	角	分
				¥	9	0	4	0	0	0	0

票据种类	银行汇票	票据张数	1 张
票据号码	58975656		

单位主管　　会计　　复核　　记账

（中国工商银行无锡建业支行 2024.6.11 办讫章 持票人开户行盖章）

此联是收款人开户银行交给收款人的收账通知

图 3-40　中国工商银行进账单（收账通知）

该记账凭证存在的问题：①金额错误，原始凭证的金额为 90 400 元，记账凭证的金额为 90 280 元；②所附原始凭证的张数错误，应为 2 张。

假定上述审核有错误的记账凭证尚未登记入账，你会重新填制吗？

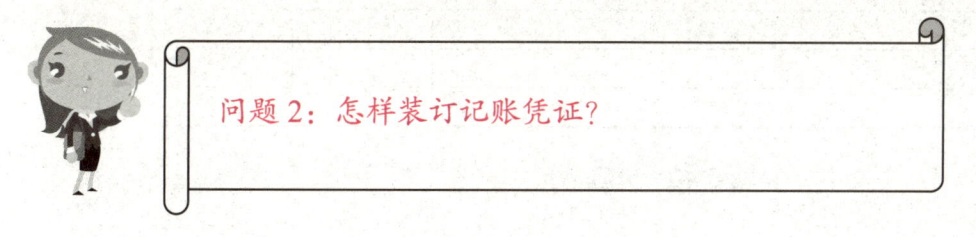

问题 2：怎样装订记账凭证？

记账凭证装订

记账凭证的装订步骤如图 3-41 所示。

将记账凭证及所附的原始凭证，按编号顺序折叠整齐（需将大头针或回形针抽出）	→	将整理后的记账凭证加凭证封面、凭证封底，用夹子夹住	→	在记账凭证封面的左上角放上包角纸；在包角纸长方形块对角线上均匀地打两个孔
（第一步：整理凭证）		（第二步：装进封面）		（第三步：放包角纸）

由装订人员在记账凭证封底盖上骑缝章，并填写记账凭证封面的相关项目	←	将包角纸沿对角线折叠，上方长方形和左边长方形均反折到封底，粘贴在封底	←	将装订针从封底进线（酌情留线头）循外沿绕一圈或两圈，再从封底原孔进针，至封面另一孔进线，循另外沿绕一圈或两圈回到封底，抽紧打结
（第六步：盖骑缝章）		（第五步：规范包角）		（第四步：装订凭证）

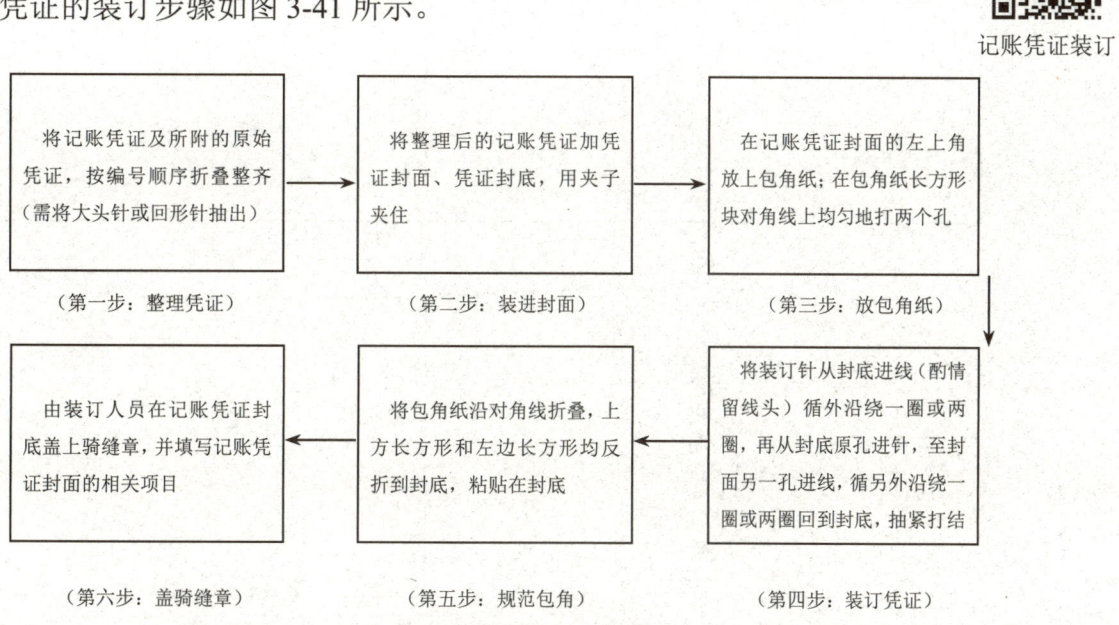

图 3-41　记账凭证装订步骤

凭证封面、凭证封底和包角纸如图 3-42 至图 3-44 所示。

凭证封面

年　月　日　　　　　　　　　　　　编号

单位名称	
记账凭证	自　　　字第　　号至　　　字第　　号
凭证汇总表	自　　　字第　　号至　　　字第　　号
附　　件	
册　　数	第　　册　共　　册
起讫日期	自　　年　月　日至　　年　月　日

财务主管　　　　　　　　　　　　　　　装　订

图 3-42　凭证封面

另行装订、抽出附件备忘录

时　间			记账凭证号数	事　　由	经办人签章	财务主管签章
年	月	日				

图 3-43　凭证封底

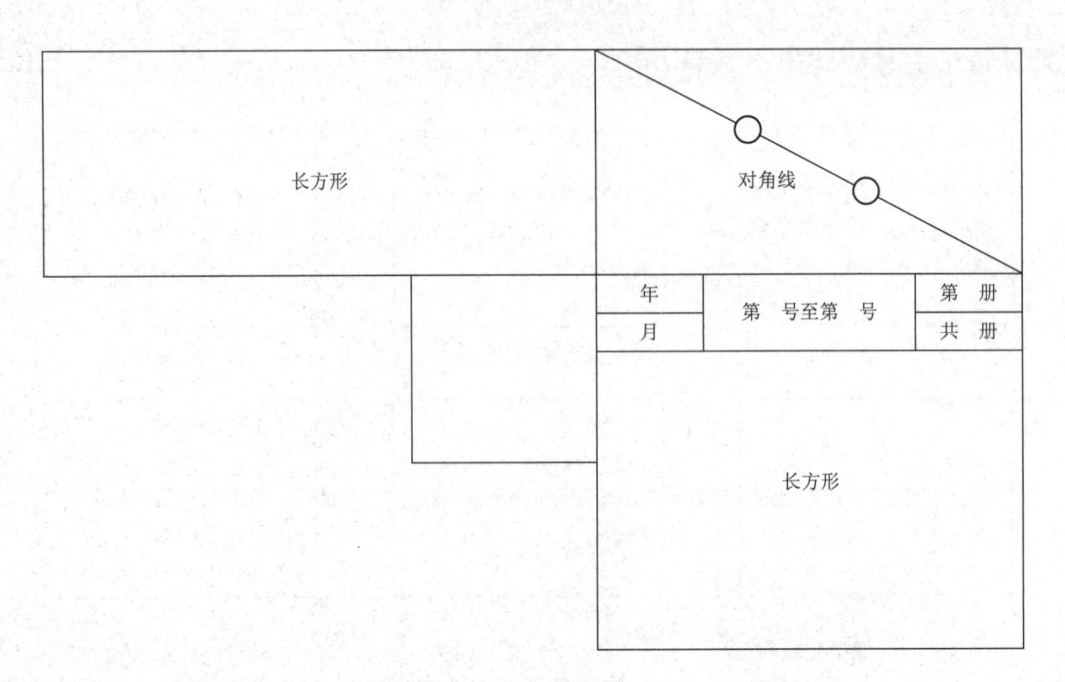

图 3-44　包角纸

项目 4　现金收支业务的处理

模块 1　现金收入业务的处理

问题：企业的现金收入业务应如何处理？

现金收入业务的处理步骤如下。

（1）核对收款依据：出纳员审核现金收入来源及有关原始凭证。

（2）收取款项：出纳员清点现金并复点，妥善保管现金。

（3）开具收款证明：出纳员出具收据并加盖"现金收讫"印章。

（4）登记账簿：出纳员待制单员编制记账凭证后登记现金日记账。

【实例1】2024年6月5日，企业销售一批商品，售价为1 800元，增值税税额为234元，江苏省增值税专用发票如图4-1所示，购货人持销售科开具的销售发票到财务科办理结算手续，出纳员收到现金2 034元。

江苏省增值税专用发票

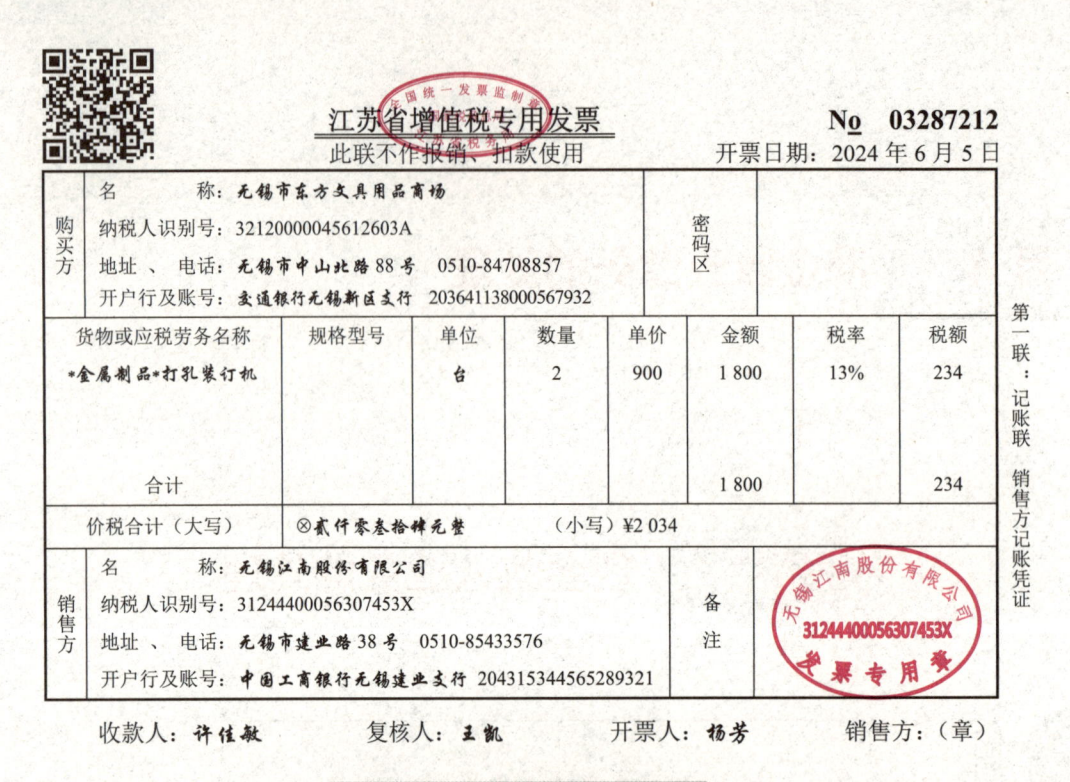

No 03287212

此联不作报销、扣款使用　　开票日期：2024年6月5日

购买方	名称：无锡市东方文具用品商场 纳税人识别号：32120000045612603A 地址、电话：无锡市中山北路88号 0510-84708857 开户行及账号：交通银行无锡新区支行 203641138000567932				密码区	

货物或应税劳务名称	规格型号	单位	数量	单价	金额	税率	税额
*金属制品*打孔装订机		台	2	900	1 800	13%	234
合计					1 800		234

价税合计（大写）	⊗贰仟零叁拾肆元整	（小写）¥2 034

销售方	名称：无锡江南股份有限公司 纳税人识别号：31244400056307453X 地址、电话：无锡市建业路38号 0510-85433576 开户行及账号：中国工商银行无锡建业支行 204315344565289321

收款人：许佳敏　　复核人：王凯　　开票人：杨芳　　销售方：（章）

第一联：记账联 销售方记账凭证

图4-1　江苏省增值税专用发票

对于现金销售业务，处理步骤如下。

（1）出纳员审核江苏省增值税专用发票（见图4-1）。

（2）出纳员清点现金并复点，妥善保管现金。

（3）出纳员在审核无误后开具收据（见图4-2）。

（4）出纳员待制单员编制记账凭证后登记现金日记账。

收　据

No 0008801

2024年6月5日

交款单位	无锡市东方文具用品商场	收款方式	现金
人民币（大写）	贰仟零叁拾肆元整		¥2 034
收款事由	货款		2024年6月5日

单位盖章　　财务主管　　记账　　出纳 许佳敏　　审核　　经办

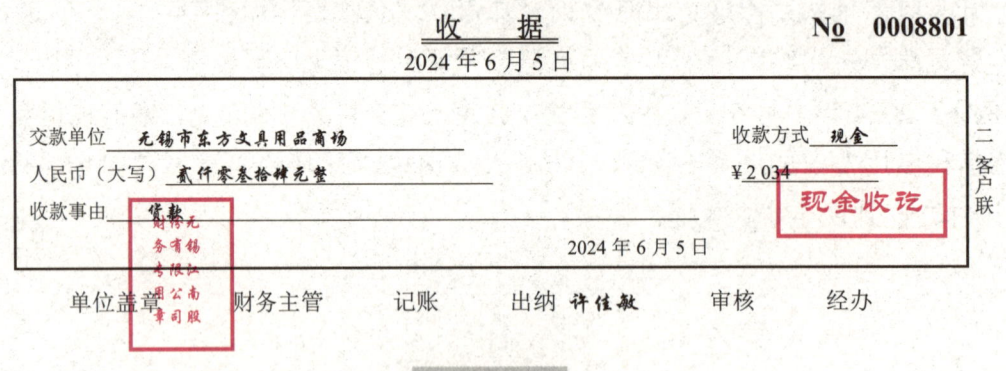

图4-2　收据

【实例2】 2024年6月5日，市场部业务员雷民出差回单位归还备用金（原预借2 000元，报销1 815元），出纳员许佳敏以现金收讫。

对于归还备用金业务，处理步骤如下。

（1）出纳员审核现金收入来源与金额。

（2）出纳员清点现金并复点185元，妥善保管现金。

（3）出纳员出具收据并在记账联上加盖"现金收讫"印章（见图4-3）；将客户联的收据

交给雷民。

（4）出纳员待制单员编制记账凭证后登记现金日记账。

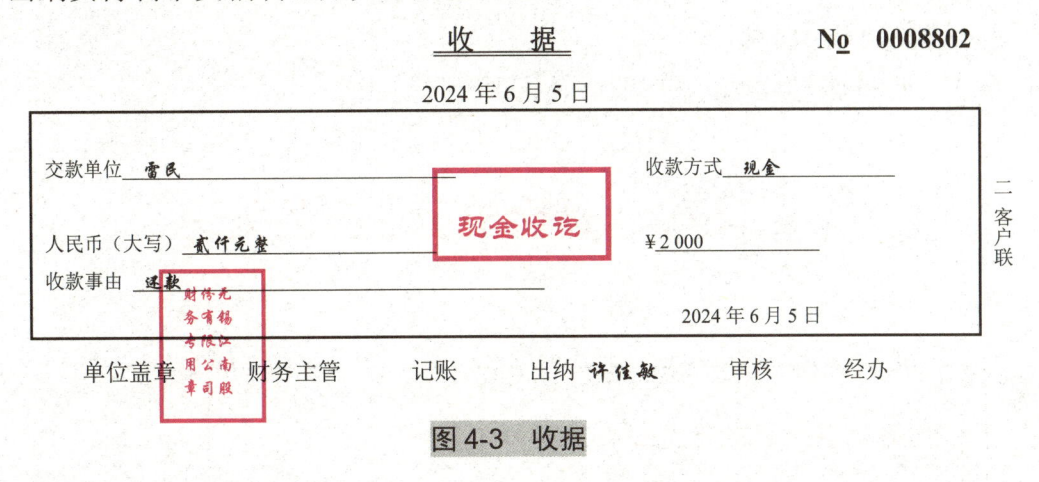

收　据　　　　　　No 0008802

2024 年 6 月 5 日

交款单位 雷民	收款方式 现金
人民币（大写）贰仟元整	￥2 000
收款事由 退款	2024 年 6 月 5 日

（加盖"现金收讫"章及"财传无务有锡专限江用公南章司股"单位盖章）

单位盖章　　财务主管　　记账　　出纳 许佳敏　　审核　　经办

二客户联

图 4-3　收据

归还备用金时开具的收据分三种情况。

（1）报销金额大于借款金额，则要开一张与借款单金额相同的收据，另外将差额部分直接以现金支付给报销人。

（2）报销金额等于借款金额，则只需要开一张与借款单金额相同的收据即可。

（3）报销金额小于借款金额。

① 如借款人将多余现金在报销时归还，则开一张与借款单金额相同的收据即可。

② 如借款人在报销时未将多余现金归还，则开一张与报销单金额相同的收据，未归还的金额待以后归还。

【实例3】2024 年 6 月 5 日，门市部收银员将当日销售日报表（见表4-1）和营业款交给出纳员。

表 4-1　销售日报表

2024 年 6 月 5 日

编号	商品名称	单位	数量	单价	金额	核对
1001	财务装订机	台	8	1 500	12 000	
1002	凭证装订机	台	6	1 200	7 200	
1003	打孔装订机	台	3	900	2 700	
					现金收讫	
	合　　计				￥21 900	

出纳：许佳敏　　　　复核：陆超　　　　制单：陈芳

对于营业款收缴业务，处理步骤如下。

（1）出纳员审核销售日报表。

（2）出纳员清点现金并复点，与销售日报表的汇总金额核对。

（3）出纳员在销售日报表上签章并加盖"现金收讫"印章（对门市部交来的货款也可开具收据，这里假定不开具收据）。

（4）出纳员待制单员编制记账凭证后登记现金日记账。

模块 2　现金支出业务的处理

问题：企业的现金支出业务应如何处理？

现金支出业务的处理步骤如下。

（1）指导填写凭证：出纳员指导报销人员填写相关借款单或费用报销单并粘贴相关票据。

（2）领导审批签字：报销业务都需要经相关领导审核批准（部门经理审核—财务审核—分管领导审核）。

（3）出纳员审核盖章：出纳员审核无误后加盖"现金付讫"印章。

（4）出纳员清点支付：出纳员取出现金并复点后支付现金。

（5）出纳员登记账簿：出纳员待制单员编制记账凭证后登记现金日记账。

现金业务的办理

【实例4】2024年6月6日，厂部办公室杨影持经领导批准的借款申请单（见图4-4）来财务科借款3 000元，准备前往滨海市出差，出纳员以现金支付。

借款申请单

2024年6月5日

借款单位	办公室杨影						
用途	出差滨海市预借差旅费						
金额（大写）	人民币叁仟元整			￥3 000			
还款计划	2024年6月12日						
领导批准	洪凯生	财务审批	袁红萍	部门审批	黄静	出纳付款	许佳敏 现金付讫
借款人	杨影			备　注			

图4-4　借款申请单

对于借款业务，处理步骤如下。

（1）出纳员指导借款人杨影填写借款申请单并审核。

（2）借款人杨影分别找相关领导审批签字，借款人杨影在"借款人"处签字。

（3）出纳员在借款申请单上加盖"现金付讫"印章。

（4）出纳员取出现金 3 000 元并进行复点后付给杨影。

（5）出纳员待制单员编制记账凭证后登记现金日记账。

【实例 5】 2024 年 6 月 5 日，财务处陆浩国报销财税咨询服务费 1 200 元，出纳员以现金支付，无锡江南股份有限公司费用报销单和江苏省增值税专用发票分别如图 4-5 和图 4-6 所示。

无锡江南股份有限公司费用报销单

购物（或业务往来）日期：2024 年 6 月 5 日				背面附原始凭证 1 张	
	内　容	发票号	单价	数量	金额
1	财税咨询服务费	03287598			1 200
2					
3					现金付讫
备注：					
实报金额（大写）人民币壹仟贰佰元整					¥1 200
领导审批	洪凯生	财务经理	袁红萍	部门经理	尤刚	报销人	陆浩国

图 4-5　无锡江南股份有限公司费用报销单

江苏省增值税专用发票　　　　No 03287598
发票联　　　　　　　开票日期：2024 年 6 月 5 日

购买方	名　称：无锡江南股份有限公司 纳税人识别号：31244400056307453X 地址、电话：无锡市建业路 38 号　0510-85433576 开户行及账号：中国工商银行无锡建业支行　2043153445652893 21	密码区

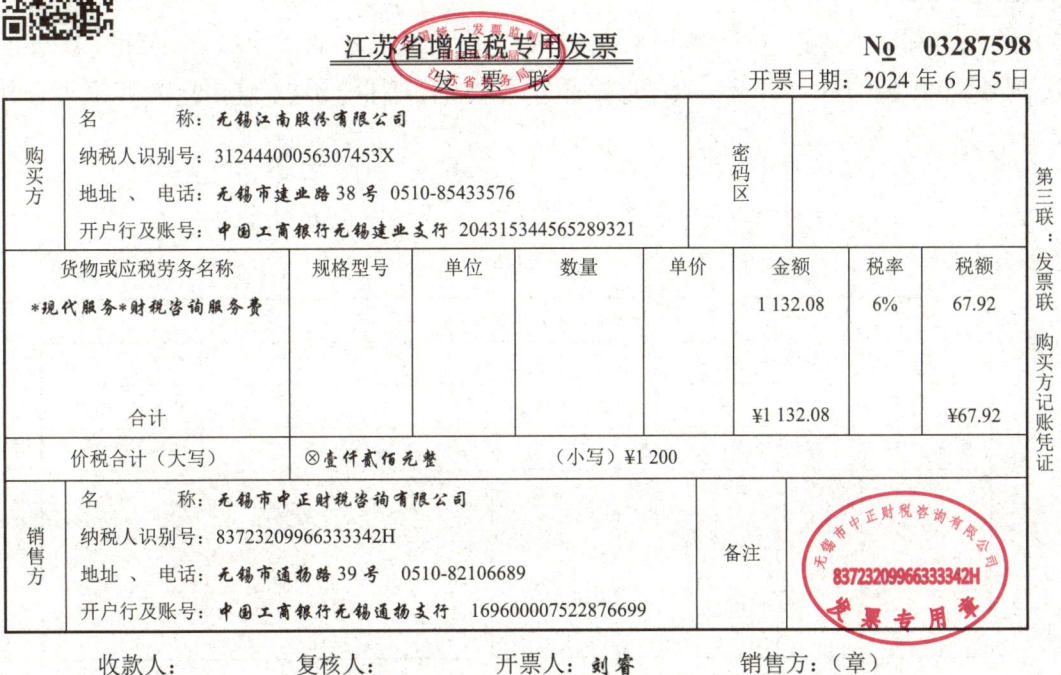

货物或应税劳务名称	规格型号	单位	数量	单价	金额	税率	税额
*现代服务*财税咨询服务费					1 132.08	6%	67.92
合计					¥1 132.08		¥67.92

价税合计（大写）	⊗壹仟贰佰元整	（小写）¥1 200

销售方	名　称：无锡市中正财税咨询有限公司 纳税人识别号：83723209966333342H 地址、电话：无锡市通扬路 39 号　0510-82106689 开户行及账号：中国工商银行无锡通扬支行　1696000075228766 99	备注

收款人：　　复核人：　　开票人：刘睿　　销售方：（章）

图 4-6　江苏省增值税专用发票

对于报销业务，处理步骤如下。

（1）出纳员指导陆浩国填制无锡江南股份有限公司费用报销单并粘贴票据。

（2）陆浩国持填制好的费用报销单及江苏省增值税专用发票前往相关领导处审批签字。

（3）出纳员在审核无误后的费用报销单上加盖"现金付讫"印章。

（4）出纳员取出现金 1 200 元并复点后付给陆浩国。

（5）出纳员待制单员编制记账凭证后登记现金日记账。

模块 3 现金存入银行

问题：如何办理现金存入银行业务？

现金缴存业务的处理步骤如下。

（1）清点现金：出纳员去银行之前，应先将送存款清点整理，按币别、币种分开。

（2）填写存款凭证：存现要填写银行存款凭证（不同银行的现金存款凭证的名称不同，如中国建设银行是"现金缴款单"、交通银行是"现金解款单"、中国农业银行是"现金缴款单"、中国工商银行是"现金存款凭证"）。

（3）办理存款：出纳员到银行后，将填写好的银行存款凭证和现金交给银行柜员，存款业务完成后取回回单联。

（4）登记账簿：出纳员待制单员编制记账凭证后登记现金日记账、银行存款日记账。

【实例 6】 2024 年 6 月 5 日，出纳员许佳敏将当日销货款 21 900 元缴存银行，中国工商银行现金存款凭证如图 4-7 所示。

ICBC 中国工商银行　　现金存款凭证

2024 年 6 月 5 日　　　　　　编号：102353

存款人	全称	无锡江南股份有限公司	款项来源	货款
	账号	204315344565289321		
	开户行	中国工商银行无锡建业支行	交款人	许佳敏
金额（大写）	人民币贰万壹仟玖佰元整		金额（小写）	¥21 900
票面	张数	票面	张数	票面	张数
100	218				
50	2				

（盖章：中国工商银行无锡建业支行 业务专用章 2024.6.5）

经办　　复核

第一联 回单联

主管：　　授权：835875　　复核：　　经办：007852

图 4-7　中国工商银行现金存款凭证

对于现金缴存业务，处理步骤如下。

（1）出纳员应先将送存款清点整理，按币别、币种分开。

（2）出纳员填写中国工商银行现金存款凭证。

（3）出纳员到银行后，将填写好的现金存款凭证和现金交给银行柜员，存款业务完成后取回现金存款凭证回单联。

（4）出纳员待制单员编制记账凭证后登记现金日记账、银行存款日记账。

项目 5　银行存款收支业务的处理

模块 1　银行的开户及管理

问题 1：银行账户涉及的事项一般包括哪些？

企业开立银行账户、相关信息事项的变更及注销，不仅需要办理相关的工商和税务事项，还要办理相应的银行账户事项，主要包括账户开立、变更和注销三个方面。

问题 2：企业银行账户有哪几种？

企业应按照要求到银行开立相应的账户，以便日后经济业务的开展。企业的银行账户按用途可分为基本存款户、一般存款户、临时存款户、专用存款户（见表 5-1）。

表 5-1　银行账户的种类

银行账户	用　途	备　注
基本存款户	办理日常转账结算、现金收付业务	本账户是唯一的，也是开立其他银行账户的前提
一般存款户	办理存款人借款转存、借款归还和其他结算的现金缴存业务	可以开立多个，可以办理现金缴存业务，但不得办理现金支取业务
临时存款户	设立临时机构、异地临时经营活动、注册验资时开立，可办理银行收付款、现金提取存入业务	本账户期限最长不超过 2 年
专用存款户	办理社会保障基金、住房基金、收入汇缴基金、业务支出资金等专项款项的收支业务	本账户能保证特定用途的资金专款专用

问题3：如何开立基本存款户？

企业开立基本存款户的流程如下。

（1）填制开户申请书，同时向银行咨询开户所需的资料。

（2）向银行提供所需的资料，一般包括企业营业执照、法人代表身份证、公章、财务专用章、法人代表章等。

（3）到开户行及中国人民银行的当地分支机构审核。

（4）办理开户，收到发放的开户许可证和退回的开户资料。

注：其他账户需在开立基本存款户的前提下开立，并携带开户许可证。

问题4：如何变更银行账户？

企业在开户时提交给银行的信息有变化时，如企业名称、企业法人代表、基本存款户、银行预留印鉴、企业地址等，企业都要变更银行账户。出纳员办理银行账户变更的基本手续如下。

（1）到开户行领取变更银行结算账户申请书。

（2）出纳员将填写完整并加盖单位公章的变更银行结算账户申请书及相关资料交给开户行。

（3）银行审核通过，银行账户变更完成。

问题5：如何撤销银行账户？

企业因办公地点发生变动或存款主体发生变化时，需要将现有银行账户进行撤销，其基本流程如下。

（1）存款人到开户行领取撤销银行结算账户申请书。

（2）存款人将填写完整并加盖单位公章的撤销银行结算账户申请书及相关资料交给开户行。

(3) 银行审核通过，银行账户撤销完成。

> 问题 6：什么是印鉴卡？

印鉴卡是单位身份、账户的证明。银行预留印鉴卡又称"银行预留印鉴"，即企业在银行开立账户时需要在银行预留的印鉴，也就是财务专用章和法人代表（或者是其授权的一个人）章（俗称"小印"）。

（1）印鉴卡分为正卡和副卡，均应加印防伪标志及编号（正、副卡编号一致）。正卡一张，由印鉴初审人员保管使用；副卡两张，其中一张由印鉴复审人员保管使用，另一张由银行受理签章后退给开户单位。需要增加副卡留作后台或会计主管、会计稽核人员使用的，由各级分行自定，但每张卡的用途要固定。

（2）开户单位留存的副卡，在更换印鉴或销户时应交回。

（3）银行验证或办理业务时需要将支票、借据上面的印鉴对角折叠核对或扫描后进行电子验证，通过后才能办理业务。

（4）因印章遗失、负责人变更等原因需要更换印鉴卡时，准备好证明材料去银行申请更换即可。对企业在新印鉴卡启用前签发的票据，按新印鉴卡背面的旧印鉴进行验证。

模块 2　银行支票结算业务

> 问题 1：怎样办理从银行提取现金的业务？

个人取现直接用银行卡到银行或 ATM 机取款即可，但企业取现必须填写现金支票。

【实例 1】 2024 年 6 月 7 日，因库存现金不足，出纳员许佳敏准备到银行提取备用金 30 000 元。

提取现金业务的处理步骤如下。

（1）查询银行账户余额：出纳员因库存现金不足或其他原因需要提取备用金时，应先通过网上银行查询基本账户的存款余额，确定银行存款余额大于所要提取的金额，以防开具空头支票。

（2）登记现金支票使用登记簿：登记现金支票使用登记簿（见表 5-2），记录的主要事项包括日期、现金支票号码、领用人、金额、备注等。

（3）填写现金支票：具体填写方法见项目二，如图 5-1 所示。

（4）银行取现并清点：出纳员填写完现金支票后，应将存根撕下留存，作为事后会计做账的依据，只需将正联携带到银行即可，到达银行后，应将支付密码填入现金支票密码栏，再进行取现；出纳员提取现金后，应当场核对金额，至少清点两遍，并对现金真伪进行鉴别，确认无误后妥善保管。取现过程中要小心谨慎，注意安全，若取现金额较大，可请单位保安或同事陪同。

（5）登记账簿：出纳员待制单员编制记账凭证后登记现金日记账、银行存款日记账。

表 5-2 现金支票使用登记簿

日期	现金支票号码	领用人	金额	备注
2024 年 6 月 1 日	00213444	许佳敏	¥25 000	
2024 年 6 月 4 日	00213445	许佳敏	¥30 000	日期填写错误，作废
2024 年 6 月 4 日	00213446	许佳敏	¥30 000	
2024 年 6 月 7 日	00213447	许佳敏	¥30 000	

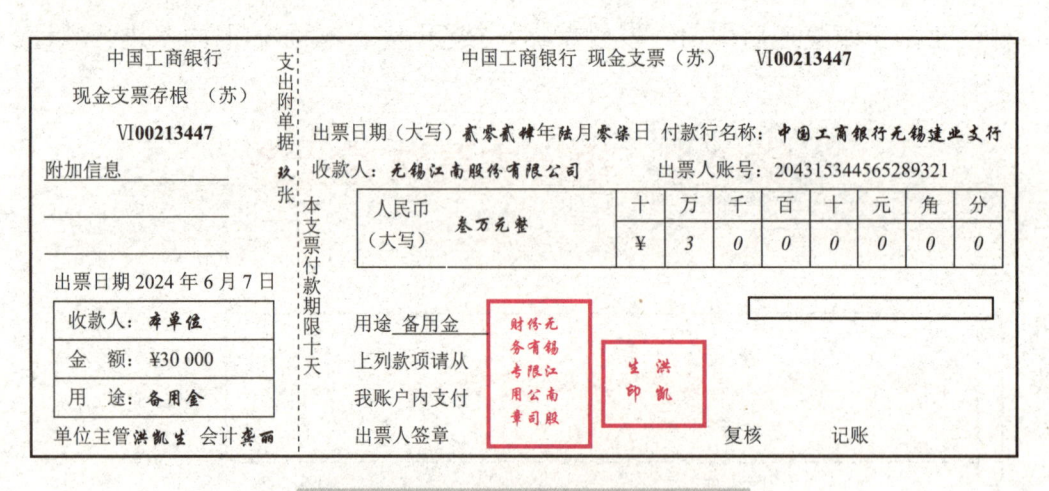

图 5-1 中国工商银行现金支票（苏）

问题 2：怎样使用转账支票办理付款业务？

【实例 2】 2024 年 6 月 7 日，无锡市亿佳汇物流有限公司业务员前来结算前一日发生的运输费，其所持的江苏省增值税专用发票如图 5-2 所示，出纳员以转账支票支付。

江苏省增值税专用发票

发票联　　No 05787234

开票日期：2024 年 6 月 6 日

购买方	名　　称：无锡江南股份有限公司 纳税人识别号：31244400056307453X 地址、电话：无锡市建业路 38 号　0510-85433576 开户行及账号：中国工商银行无锡建业支行 204315344565289321	密码区				
货物或应税劳务名称	规格型号	单位	数量	单价	金额	税率	税额
*运输服务*运输费				9 000	9 000	9%	810
合计					¥9 000		¥810
价税合计（大写）	⊗玖仟捌佰壹拾元整			（小写）¥9 810			
销售方	名　　称：无锡市亿佳汇物流有限公司 纳税人识别号：91320200835996666K 地址、电话：无锡市江海西路 666 号　0510-65322666 开户行及账号：交通银行无锡江海支行 323232000099998666	备注				

收款人：　　　复核人：　　　开票人：王维　　　销售方：（章）

图 5-2　江苏省增值税专用发票

转账支票付款业务的处理步骤如下。

（1）查询银行账户余额：签发转账支票时必须保证公司银行账户的余额大于支票的金额，防止因签发空头支票而受到处罚。

（2）登记转账支票使用登记簿：转账支票使用前应先登记转账支票使用登记簿（见表 5-3）。

（3）填写转账支票：具体填写方法见项目二，如图 5-3 所示。

（4）将支票正联交给收款人：出纳员可以将开好的转账支票正联沿虚线剪开交给收款人，由收款方出纳员到银行办理进账；出纳员也可以将开好的转账支票沿虚线剪开，填制进账单后到银行办理转账付款，即"倒进账"。本例中假定属于前者。

（5）登记账簿：出纳员待制单员编制记账凭证后登记银行存款日记账。

表 5-3　转账支票使用登记簿

日期	转账支票号码	领用人	金额	用途	备注
2024 年 6 月 6 日	00982350	杨剑	¥80 000	货款	
2024 年 6 月 7 日	00982351	李大伟	¥9 810	运输费	

```
中国工商银行                中国工商银行 转账支票（苏）    VI00982351
转账支票存根（苏）        出票日期(大写) 贰零贰肆年陆月零柒日   付款行名称: 中国工商银行无锡建业支行
VI00982351                收款人: 无锡市亿佳汇物流有限公司      出票人账号: 204315344565289321
附加信息                                         十 万 千 百 十 元 角 分
_____           人民币  玖仟捌佰壹拾元整
_____           (大写)                ¥  9 8 1 0 0 0
出票日期 2024年6月7日      本
收款人: 无锡市亿佳汇        支
物流有限公司               票    用途  运输费        (财务专用章 无锡江南股份有限公司)  (洪凯生印)
金 额: ¥9 810             付    上列款项请从
用 途: 运输费              款    我账户内支付
                          期    出票人签章                       复核              记账
单位主管 洪凯生  会计 龚丽   限
                          十
                          天
```

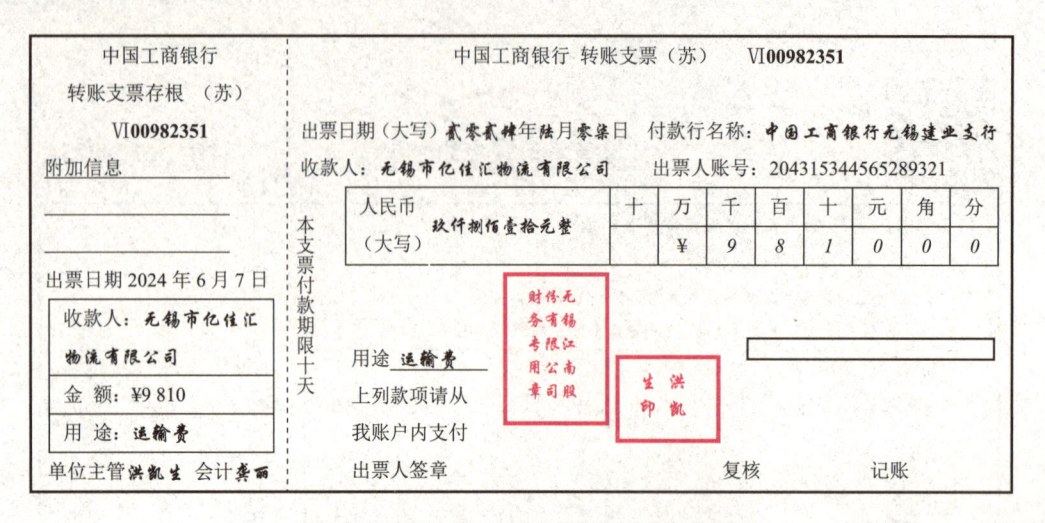

图 5-3　中国工商银行转账支票（苏）

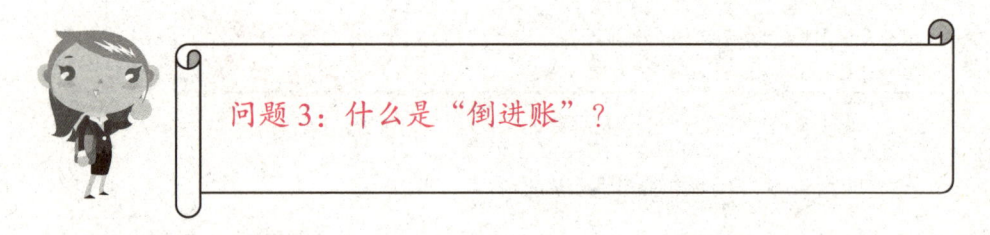

问题 3：什么是"倒进账"？

倒进账是指开票人（付款方）在自己的开户行填写进账单，委托银行付款的进账方式；顺进账是指收票人（收款方）将票据背书（加盖自己的银行预留印鉴）后，委托银行收款的进账方式。在倒进账的方式下，款项是流出手续办理方账户的；在顺进账的方式下，款项是流进手续办理方账户的。

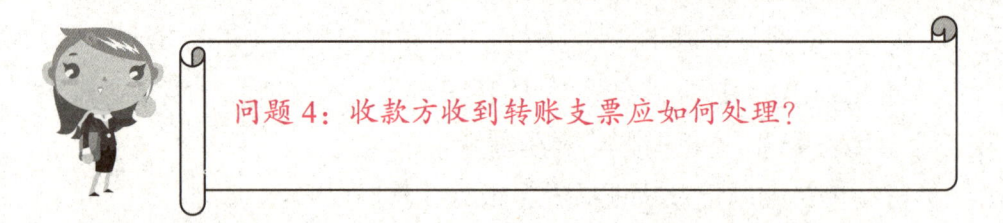

问题 4：收款方收到转账支票应如何处理？

【实例 3】　2024 年 6 月 7 日，无锡江南股份有限公司收到无锡永乐商贸有限公司的转账支票一张，用于支付购货款。江苏省增值税专用发票、销售单（代合同）、交通银行转账支票（苏）如图 5-4 至图 5-6 所示。

江苏省增值税专用发票

No 03287312

此联不作报销、扣款使用　　开票日期：2024 年 6 月 5 日

购买方	名　　　称：无锡永乐商贸有限公司 纳税人识别号：32125440056126907G 地　址、电话：无锡市永乐路125号　0510-65678996 开户行及账号：交通银行无锡南长支行 203641138000567932	密码区

货物或应税劳务名称	规格型号	单位	数量	单价	金额	税率	税额
*金属制品*装订机		台	20	1 500	30 000	13%	3 900
合计					¥30 000		¥3 900

价税合计（大写）　⊗叁万叁仟玖佰元整　　　（小写）¥33 900

销售方	名　　　称：无锡江南股份有限公司 纳税人识别号：31244400056307453X 地　址、电话：无锡市建业路38号　0510-85433576 开户行及账号：中国工商银行无锡建业支行 204315344565289321	备注

收款人：许佳敏　　复核人：王凯　　开票人：杨芳　　销售方：（章）

第一联：记账联　销售方记账凭证

图 5-4　江苏省增值税专用发票

无锡江南股份有限公司

销　售　单（代合同）

地　　　址：无锡市建业路38号

电　　　话：0510-85433576　　　　　　　　　　　　　　　　No 9160016

客 户 名 称：无锡永乐商贸有限公司

地址、电话：无锡市永乐路125号　0510-65678996　　　　日期：2024 年 6 月 5 日

编号	名称	单位	数量	单价	金额	备注
2002	装订机	台	20	1 695	33 900	
合计　人民币（大写）叁万叁仟玖佰元整					¥33 900	

销售经理：林凯　　会计：龚丽　　经办人：黄芳　　仓库：孙娟　　签收人：吕明

会计联

图 5-5　无锡江南股份有限公司销售单（代合同）

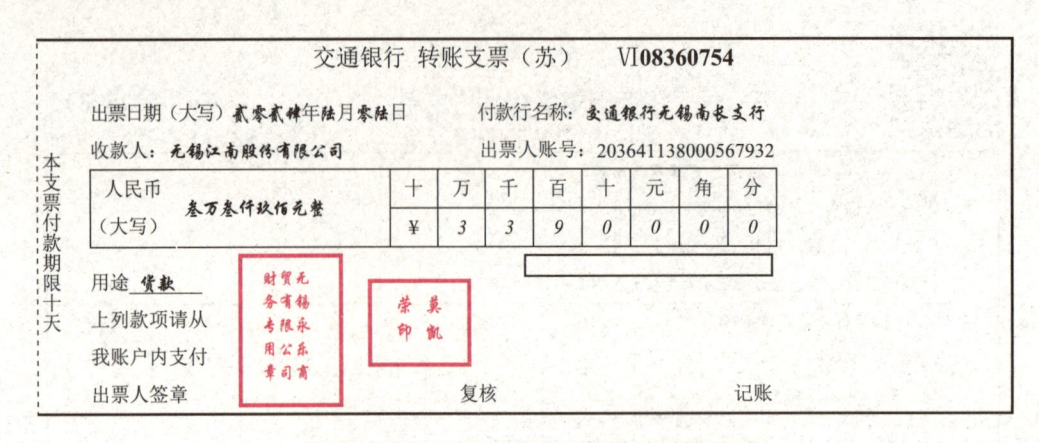

图 5-6　交通银行转账支票（苏）

转账支票收款业务的处理步骤如下。

（1）审核对方开具的转账支票：检查各项目填写是否规范，如收款人名称是否是本单位全称、金额和日期是否正确、大小写是否一致、签章是否清晰、日期是否在 10 天以内等。

（2）填写结算金额并在支票背面加盖银行预留印鉴：出纳员在审核无误后，先填写结算金额再找银行预留印鉴的保管人员在转账支票背面加盖公司的银行预留印鉴。

（3）填写进账单：具体填写方法见项目二。

（4）到银行办理进账：出纳员将填好的进账单连同转账支票一起交给银行柜员办理，取回进账单回单联，表明银行已受理；待收到进账单（收账通知）（见图 5-7）后表明该款项已经转入本公司账户。

（5）登记账簿：出纳员待制单员编制记账凭证后登记银行存款日记账。

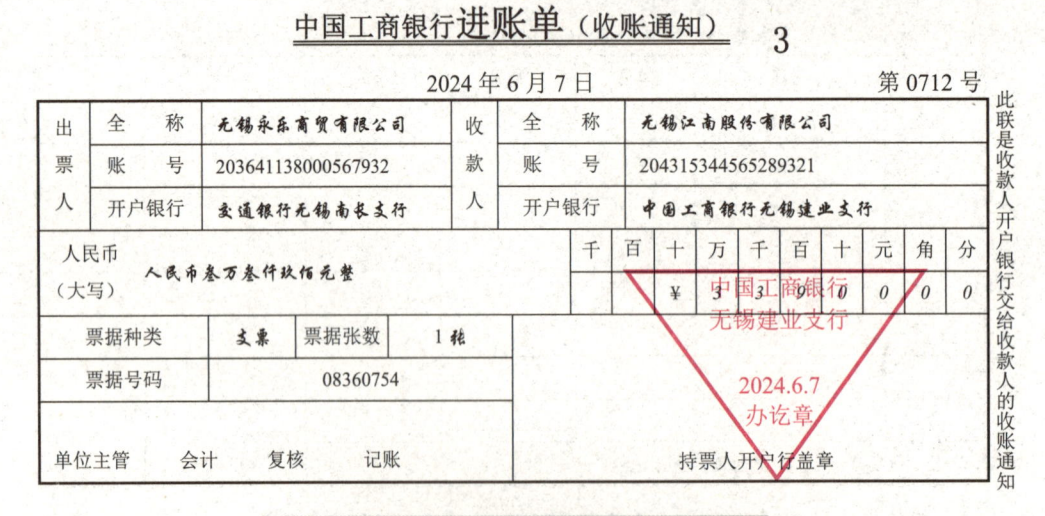

图 5-7　中国工商银行进账单（收账通知）

模块 3　银行汇票结算业务

问题 1：怎样办理银行汇票？

【实例 4】 2024 年 6 月 8 日，企业因采购生铁，需要出纳员办理银行汇票。相关付款申请书如图 5-8 所示。

无锡江南股份有限公司付款申请书

2024 年 6 月 8 日

用　途	金　额										收款单位:	徐州钢铁有限责任公司
	亿	千	百	十	万	千	百	十	元	角	分	账　号:	364315368476543643
支付货款				¥	2	5	0	0	0	0	0	开户行:	中国农业银行徐州彭城支行
金额大写（合计）	人民币贰拾伍万元整										电汇□　转账　□　汇票☑　网银□
总经理	洪凯生	财务部门	经理	袁红萍	经办部门	经理	杨建
			会计	龚丽		经办人	章强

图 5-8　无锡江南股份有限公司付款申请书

办理银行汇票的步骤如下。

（1）查询银行账户余额：办理银行汇票时必须保证公司银行账户的余额大于办理汇票的金额。

（2）填写结算业务申请书：具体填写方法见项目二，如图 5-9 所示。

（3）到银行办理汇票：申请人持结算业务申请书到银行柜台办理汇票，柜台人员收到结算业务申请书，审核信息无误后将从申请人的银行账户上直接划扣汇票款，并按结算业务申请书上的内容据以签发银行汇票。

（4）取得银行汇票：申请人办理完毕将收到银行汇票正联（见图 5-10）、银行汇票（解讫通知）联（见图 5-11）、结算业务申请书回单联（见图 5-12）及业务收费凭证（见图 5-13）。出纳员将取得的银行汇票交经办人用于支付结算。

（5）登记账簿：出纳员待制单员编制记账凭证后登记银行存款日记账。

中国工商银行结算业务申请书 No 66187874

申请日期 2024年6月8日

业务类型	☑银行汇票 □银行本票 □电汇	☑转账	□现金									
申请人	全称	无锡江南股份有限公司	收款人	全称	徐州钢铁有限责任公司							
	账号	204315344565289321		账号	364315368476543643							
	开户行	中国工商银行无锡建业支行		开户行	中国农业银行徐州彭城支行							
金额	(大写)人民币贰拾伍万元整				千	百	十	万	千	百	十	元	角	分
							¥	2	5	0	0	0	0	0	0

申请人签章 [财务专用章：无锡江南股份有限公司] [印鉴：生洪凯]

支付密码

附加信息及用途 申请银行汇票

电汇时选择 普通□ 加急□

主管：   复核：   记账：

图 5-9　中国工商银行结算业务申请书

中国工商银行 银行汇票 2   XI00448798 第 66542002 号

出票日期(大写)	贰零贰肆年陆月零捌日	代理付款行：中国农业银行徐州彭城支行
		行　号：103303023061
收款人：	徐州钢铁有限责任公司	账　号：364315368476543643
出票金额	人民币(大写) 贰拾伍万元整	

实际结算金额 | 人民币(大写) | 千 百 十 万 千 百 十 元 角 分 |

申请人：无锡江南股份有限公司　　账号或住址：204315344565289321
出票行：中国工商银行无锡建业支行
备　注：货款
凭票付款
出票行签章 [中国工商银行无锡建业支行 102302002488 汇票专用章]

多余金额 千 百 十 万 千 百 十 元 角 分

科目(借)_____
对方科目(贷)_____
兑付日期：　年　月　日
复核　　　　记账

图 5-10　中国工商银行银行汇票

付款期限 壹个月	中国工商银行 银 行 汇 票（解讫通知） 3		XI00448798 第 66542002 号
出票日期（大写）	贰零贰肆年陆月零捌日	代理付款行：中国农业银行徐州彭城支行 行　号：103303023061	
收款人：	徐州钢铁有限责任公司	账　号：364315368476543643	
出票金额	人民币（大写）贰拾伍万元整		
实际结算金额	人民币（大写）	千 百 十 万 千 百 十 元 角 分	
申请人：	无锡江南股份有限公司	账号或住址：204315344565289321	
出票行：	中国工商银行无锡建业支行	科目（贷） _____ 对方科目（借）_____	
备注：贷款		多余金额	
代理付款行盖章		千 百 十 万 千 百 十 元 角 分	转账日期： 年 月 日
复核 经办			复核　　　记账

图 5-11　中国工商银行银行汇票（解讫通知）

ICBC　中国工商银行结算业务申请书　　　　No 66187874

申请日期　2024 年 6 月 8 日

业务类型	☑银行汇票 □银行本票 □电汇	☑转账 □现金	
申请人	全　称	无锡江南股份有限公司	收款人	全　称	徐州钢铁有限责任公司
	账　号	204315344565289321		账　号	364315368476543643
	开户行	中国工商银行无锡建业支行		开户行	中国农业银行徐州彭城支行
金额	（大写）人民币贰拾伍万元整	千 百 十 万 千 百 十 元 角 分 ￥ 2 5 0 0 0 0 0 0	
申请人签章		支付密码	
		附加信息及用途 申请银行汇票	电汇时选择 普通□ 加急□
主管：		复核：	记账：

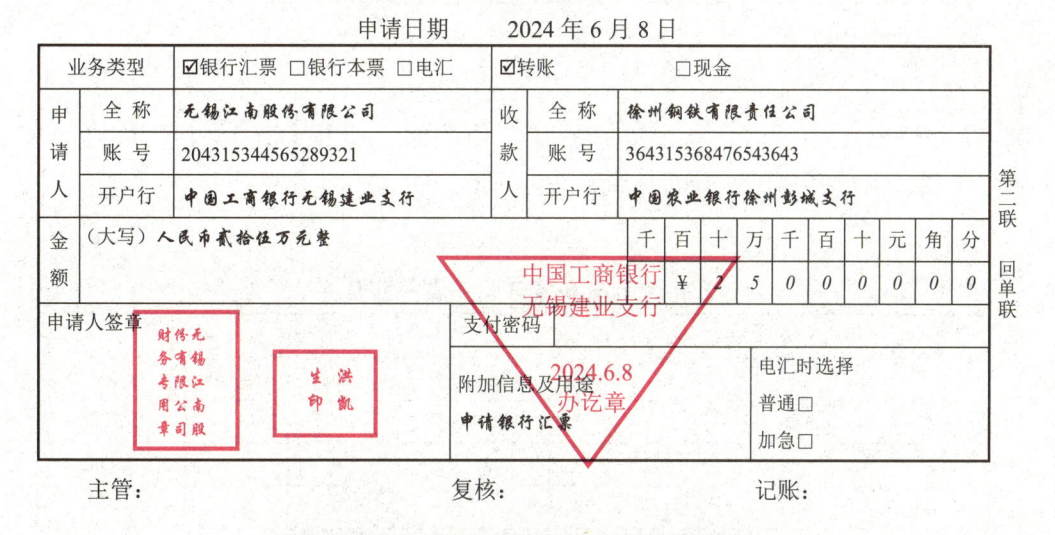

图 5-12　中国工商银行结算业务申请书

业务收费凭证

币种：人民币　　　　　　　　2024 年 6 月 8 日　　　　　　流水号：455566678786534

付款人：无锡江南股份有限公司　　　　　账号：204315344565289321

项目名称	工本费	手续费		金额
银行汇票	0.4			0.4

金额（大写）人民币 肆角整　　　　　　　　　　　　　　　　　　　　　¥0.4

付款方式　　转账

中国工商银行
无锡建业支行
2024.6.8
办讫章

会计主管：　　　　　　　　授权：　　　　　　　　　　　　　制单：方晓

图 5-13　业务收费凭证

问题 2：付款方怎样办理银行汇票付款业务？

银行汇票付款

【实例 5】 2024 年 6 月 11 日，业务员回公司报账，以银行汇票采购材料。相关费用报销单、江苏省增值税专用发票、收料单如图 5-14 至图 5-16 所示。

无锡江南股份有限公司费用报销单

购物（或业务往来）日期：2024 年 6 月 11 日　　　　　背面附原始凭证 2 张

	内　容	发票号	单价	数量	金　额
1	付材料款	03287311	700	300	210 000
2	支付税金	03287311			27 300
3					

备注：银行汇票支付

实报金额（大写）人民币 贰拾叁万柒仟叁佰元整　　　　　　　　　¥237 300

| 领导审批 | 洪凯生 | 财务经理 | 袁红萍 | 部门经理 | 尤刚 | 报销人 | 洪虹 |

图 5-14　无锡江南股份有限公司费用报销单

78

江苏省增值税专用发票

No 03287311

发票联　　开票日期：2024年6月11日

购买方	名称：无锡江南股份有限公司
	纳税人识别号：31244400056307453X
	地址、电话：无锡市建业路38号 0510-85433576
	开户行及账号：中国工商银行无锡建业支行 2043153445652 89321

密码区

货物或应税劳务名称	规格型号	单位	数量	单价	金额	税率	税额
*金属制品*生铁		吨	300	700	210 000	13%	27 300
合计					¥210 000		27 300

价税合计（大写）　⊗贰拾叁万柒仟叁佰元整　（小写）¥237 300

销售方	名称：徐州钢铁有限责任公司
	纳税人识别号：31244400056308548c
	地址、电话：徐州市通扬路48号 0510-84335897
	开户行及账号：中国农业银行徐州彭城支行 364315368476543643

备注：汇票结算

收款人：赵鹃　　复核人：王凯　　开票人：于刚　　销货方：（章）

图 5-15 江苏省增值税专用发票

无锡江南股份有限公司收料单

2024年6月11日　　　　　　　　　　　　　　　　　　　　第 0511 号

供货单位：徐州钢铁有限责任公司
发票号码：03287311　　　　材料大类：原材料　　　　单位：元

材料编号	名称	规格	单位	数量		实际价格			计划价格	
				发票	实收	单价	金额	其中：运杂费	单位	金额
	生铁		吨	300	300	700	210 000			

制单：路凡　　验收：　　主管：　　记账：

图 5-16 无锡江南股份有限公司收料单

银行汇票付款业务的处理步骤如下。

（1）出纳员审核业务员交来的费用报销单（见图5-14）、江苏省增值税专用发票（见图5-15）和仓库开出的收料单（见图5-16）。

（2）出纳员核对购货金额与银行汇票金额，确定差额款，以备结清差额款。

问题 3：付款方怎样办理银行汇票多余款入账业务？

【实例 6】 出纳员于 2024 年 6 月 12 日从中国工商银行取得银行汇票（多余款项收账通知）（见图 5-17）。

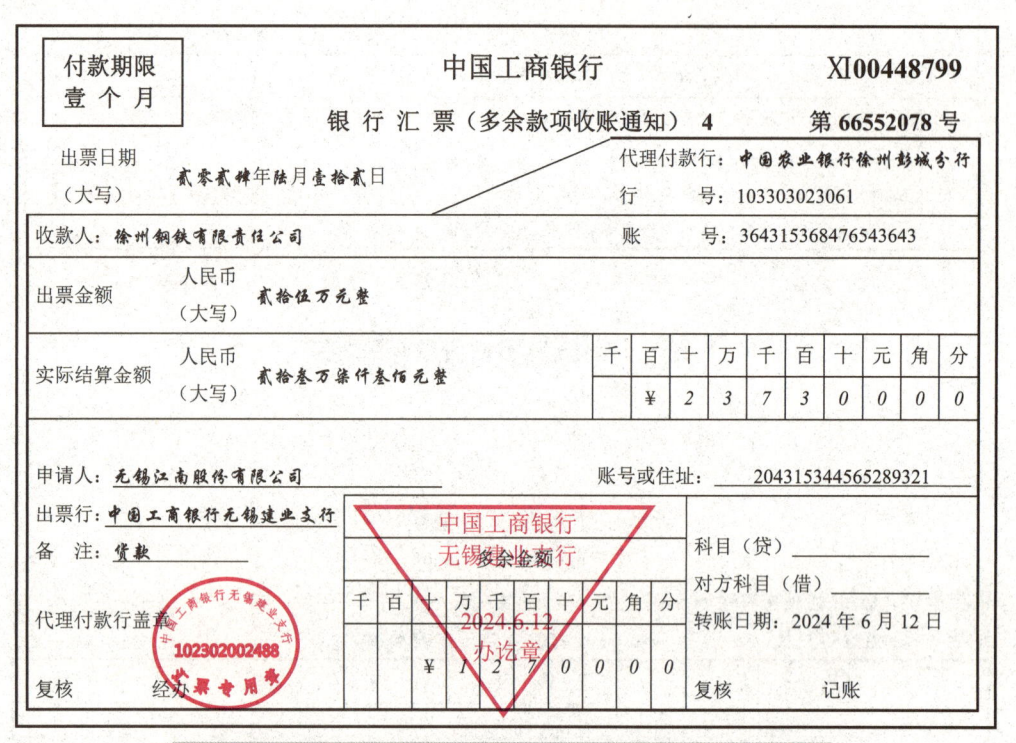

付款期限 壹个月	中国工商银行		XI00448799
	银 行 汇 票（多余款项收账通知） 4		第 66552078 号

出票日期（大写）	贰零贰肆年陆月壹拾贰日	代理付款行：中国农业银行徐州彭城分行
		行 号：103303023061
收款人：徐州钢铁有限责任公司		账 号：364315368476543643
出票金额	人民币（大写） 贰拾伍万元整	
实际结算金额	人民币（大写） 贰拾叁万柒仟叁佰元整	￥ 2 3 7 3 0 0 0 0
申请人：无锡江南股份有限公司		账号或住址：204315344565289321
出票行：中国工商银行无锡建业支行		科目（贷）
备 注：货款	多余金额	对方科目（借）
代理付款行盖章	￥ 1 2 7 0 0 0 0	转账日期：2024 年 6 月 12 日
复核 经办		复核 记账

图 5-17 中国工商银行银行汇票（多余款项收账通知）

提示：
2024 年 6 月 12 日接到银行通知，上述银行汇票多余款已划入本单位存款账户。

收到银行汇票多余款业务的处理步骤如下。

出纳员审核银行转来的银行汇票（多余款项收账通知），如图 5-17 所示，核对出票金额、实际结算金额，确定多余款金额的正确性。

出纳员待制单员编制记账凭证后登记银行存款日记账。

项目5 银行存款收支业务的处理

问题 4：收款方怎样处理银行汇票收款业务？

银行汇票收款

【**实例 7**】 2024 年 6 月 9 日，常州华瑞贸易有限责任公司以银行汇票购买无锡江南股份有限公司的打印机 200 台。相关江苏省增值税专用发票、销售单（代合同）、银行汇票、银行汇票（解讫通知）联如图 5-18 至图 5-21 所示。

江苏省增值税专用发票　No 03287412

此联不作报销、扣款使用　　开票日期：2024 年 6 月 9 日

购买方	名　称：常州华瑞贸易有限责任公司
	纳税人识别号：23125440005612735M
	地址、电话：常州市向阳路12号 0519-42708458
	开户行及账号：中国农业银行常州金陵支行 4356464311667300217

密码区

货物或应税劳务名称	规格型号	单位	数量	单价	金额	税率	税额
*商品*打印机		台	200	400	80 000	13%	10 400
合计					¥80 000		¥10 400

价税合计（大写）　⊗玖万零肆佰元整　　（小写）¥90 400

销售方	名　称：无锡江南股份有限公司
	纳税人识别号：31244400056307453X
	地址、电话：无锡市建业路38号 0510-85433576
	开户行及账号：中国工商银行无锡建业支行 2043315344565289321

备注

收款人：许佳敏　　复核人：王凯　　开票人：杨芳　　销售方：（章）

第一联：记账联　销售方记账凭证

图 5-18　江苏省增值税专用发票

81

无锡江南股份有限公司

销 售 单（代合同）

地　　址：无锡市建业路38号

电　　话：0510-85433576　　　　　　　　　　　　　　　№ 9160017

客户名称：常州华瑞贸易有限责任公司

地址、电话：常州市向阳路12号　0519-42708458　　　日期：2024年6月9日

编号	名称	单位	数量	单价	金额	备注
2001	打印机	台	200	452	90 400	
合计	人民币（大写）玖万零肆佰元整				¥90 400	

销售经理：林凯　　会计：龚丽　　经办人：黄芳　　仓库：孙娟　　签收人：吕明

图 5-19　无锡江南股份有限公司销售单（代合同）

付款期限 壹个月	中国农业银行 银行汇票 2		XI03243234 第 66541988 号
出票日期（大写）	贰零贰肆年陆月零柒日	代理付款行：中国工商银行无锡建业支行 行　号：102302002488	
收款人：无锡江南股份有限公司		账　号：204315344565289321	
出票金额	人民币（大写）壹拾万元整	千 百 十 万 千 百 十 元 角 分	
实际结算金额	人民币（大写）		
申请人：常州华瑞贸易有限责任公司		账号或住址：435646411667300217	
出票行：中国农业银行常州金陵支行			科目（借）_____
备注：贷款	多余金额		对方科目（贷）_____
凭票付款	千 百 十 万 千 百 十 元 角 分		兑付日期：2024年7月6日
出票行签章			复核　　　　记账

图 5-20　中国农业银行银行汇票

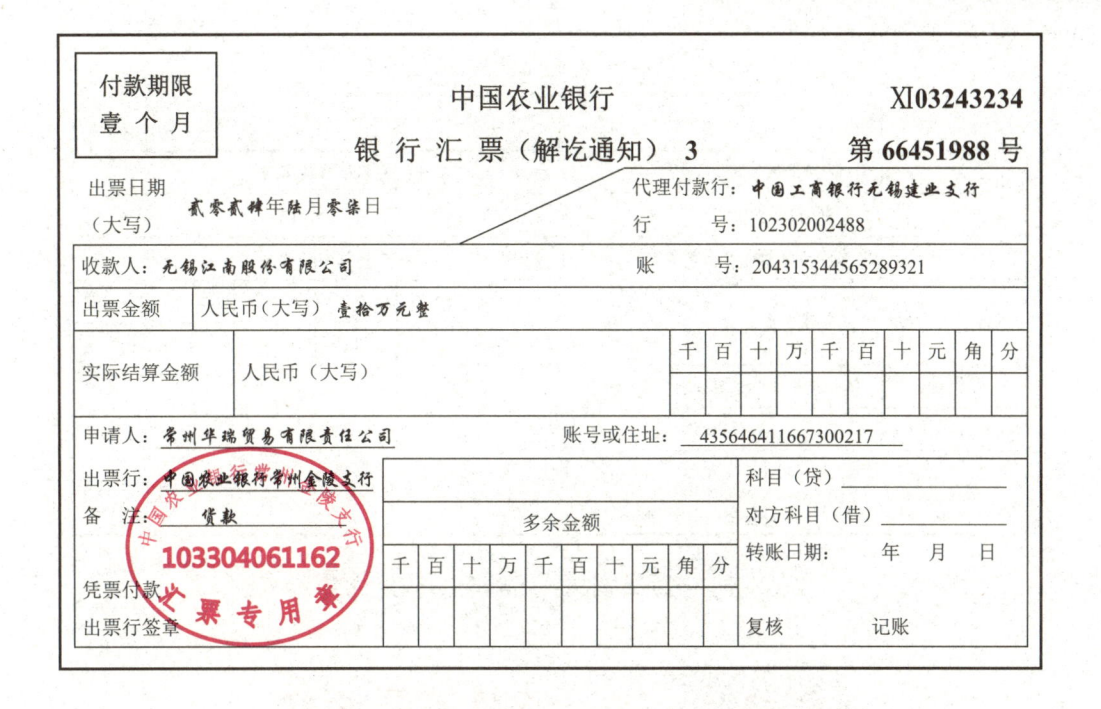

图 5-21 中国农业银行银行汇票（解讫通知）

银行汇票收款业务的处理步骤如下。

（1）出纳员审核销售科开具的销售发票（见图 5-18）、销售单（代合同）（见图 5-19）和常州华瑞贸易有限责任公司业务员交来的银行汇票（见图 5-20 和图 5-21）。

（2）出纳员在银行汇票（解讫通知）背面"持票人向银行提示付款签章"处加盖银行预留印鉴（见图 5-22）；在银行汇票上填写结算金额、多余金额。

（3）出纳员填写中国工商银行进账单（收账通知），如图 5-23 所示，随后持银行汇票一起到代理付款行（开户行）办理进账。

（4）出纳员待制单员编制记账凭证后登记银行存款日记账。

图 5-22 中国农业银行银行汇票（解讫通知）背面

中国工商银行进账单（收账通知） 3

2024年6月9日　　　　　　　　　　第0755号

出票人	全称	常州华瑞贸易有限责任公司	收款人	全称	无锡江南股份有限公司
	账号	435646411667300217		账号	204315344565289321
	开户银行	中国农业银行常州金陵支行		开户银行	中国工商银行无锡建业支行

人民币（大写）玖万零肆佰元整

千	百	十	万	千	百	十	元	角	分
			¥9	0	4	0	0	0	0

票据种类	银行汇票	票据张数	1张
票据号码	66541988		

单位主管　　会计　　复核　　记账

持票人开户行盖章

此联是收款人开户银行交给收款人的收账通知

图 5-23　中国工商银行进账单（收账通知）

模块 4　银行承兑汇票业务

问题 1：付款方如何办理银行承兑汇票？

【实例 8】 2024 年 6 月 10 日，无锡江南股份有限公司根据与无锡恒基钻头制造有限公司签订的购销合同购入装订机钻头，货款为 150 000 元，向银行申请签发银行承兑汇票。

申请签发银行承兑汇票的步骤如下。

（1）提出承兑申请：申请签发银行承兑汇票时，出纳员要向开户行提出申请（见图 5-24），并提供相应材料（一般出纳员携带银行预留印鉴到银行现场办理）。

银行承兑汇票申请书

中国工商银行无锡建业支行：

　　根据我单位与无锡恒基钻头制造有限公司（收款人）签订的产品购销合同（编号 202404223），特向贵行申请汇票金额（大写）壹拾伍万元整、（小写）¥150 000 的银行承兑汇票。

　　我单位保证申请办理银行承兑汇票业务所依据的交易背景真实合法，并承诺履行《银行承兑协议》规定的各项义务和责任。

承兑申请人：无锡江南股份有限公司
2024 年 6 月 10 日
31244400056307453X

授权经办人签名：许佳敏
身份证号码：320202199802264×××
联系电话：13961765×××

图 5-24　银行承兑汇票申请书

（2）存入保证金：企业提出承兑申请，经银行审核完成后，出纳员应向银行指定账户存入保证金或办理担保。企业存入保证金时，需要填写中国工商银行转账支票（苏）（见图5-25）和中国工商银行进账单（收账通知）（见图5-26）。

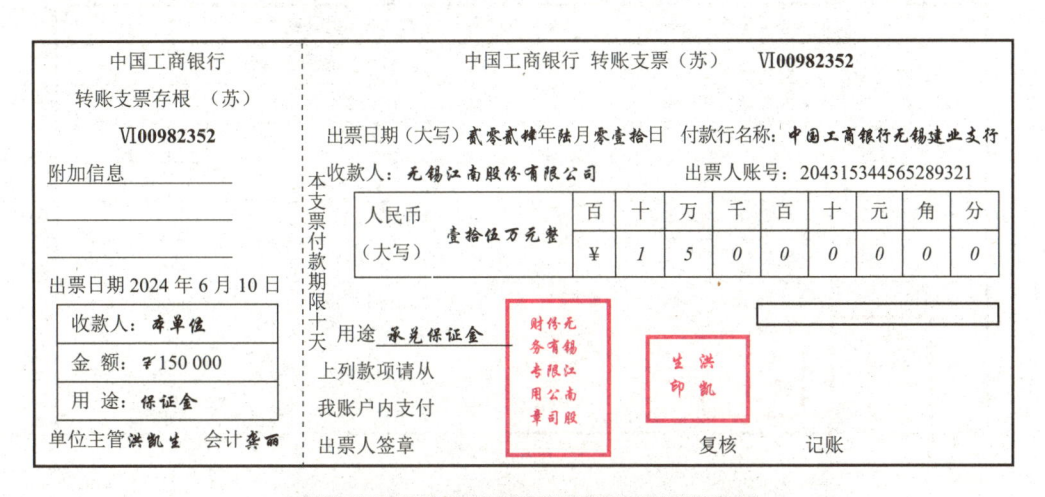

图 5-25　中国工商银行转账支票（苏）

图 5-26　中国工商银行进账单（收账通知）

（3）签发票据：银行承兑汇票的相关手续办理完毕，银行就可以签发银行承兑汇票（见图5-27），申请人在第一、第二联的出票人签单处加盖银行预留印鉴。

银行承兑汇票　2　　40207045
20568721

出票日期（大写）贰零贰肆年陆月零壹拾日

出票人全称	无锡江南服饰有限公司	收款人	全　称	无锡恒基钻头制造有限公司
出票人账号	204315344565289321		账　号	204315344565666352
付款行名称	中国工商银行无锡建业支行		开户银行	中国工商银行无锡中桥支行

		千	百	十	万	千	百	十	元	角	分
出票金额	人民币（大写）壹拾伍万元整		¥	1	5	0	0	0	0	0	0

汇票到期日（大写）	贰零贰肆年壹拾贰月零壹拾日	付款行	行号	102302002488
承兑协议编号	银承兑 202437 号		地址	无锡市建业路 38 号
本汇票请你行承兑，到期无条件付款。 出票人签章		本汇票已经承兑，到期日由本行付款。 承兑行签章 承兑日期　年　月　日	密押 复核　记账	

此联收款人开户银行随托收凭证寄付款行作借方凭证附件

图 5-27　银行承兑汇票

（4）办理结算：出纳员将填写完整并加盖印鉴后的银行承兑汇票交还给银行，银行在第二联上盖章（见图 5-28）后退给出纳员。出纳员应将银行承兑汇票的正联复印两份，将其中一份交会计留存，自己留存一份。银行承兑汇票原件则用于办理结算及制作签收表格。

银行承兑汇票　2　　40207045
20568721

出票日期（大写）贰零贰肆年陆月零壹拾日

出票人全称	无锡江南服饰有限公司	收款人	全　称	无锡恒基钻头制造有限公司
出票人账号	204315344565289321		账　号	204315344565666352
付款行名称	中国工商银行无锡建业支行		开户银行	中国工商银行无锡中桥支行

		千	百	十	万	千	百	十	元	角	分
出票金额	人民币（大写）壹拾伍万元整		¥	1	5	0	0	0	0	0	0

汇票到期日（大写）	贰零贰肆年壹拾贰月零壹拾日	付款行	行号	102302002488
承兑协议编号	银承兑 202437 号		地址	无锡市建业路 38 号
本汇票请你行承兑，到期无条件付款。 出票人签章		本汇票已经承兑，到期日由本行付款。 承兑行签章 承兑日期　年　月　日	密押 复核　记账	

此联收款人开户银行随托收凭证寄付款行作借方凭证附件

图 5-28　银行承兑汇票

> 问题2：付款方的银行承兑汇票到期后如何处理？

【实例9】 2024年12月11日，无锡江南股份有限公司收到银行转来的托收凭证（见图5-29），系常州蓝天有限公司托收到期的银行承兑汇票款。

图5-29 中国工商银行托收凭证（付款通知）

承付托收款业务的处理步骤如下。

（1）出纳员应及时查看银行承兑汇票是否到期，在票据到期前将足额的票款存入存款账号。

（2）出纳员从银行处取得中国工商银行托收凭证（付款通知），如图5-29所示，核对付款通知和银行承兑汇票的相关信息，确认无误后，委托银行把款项转给收款人。

（3）出纳员待制单员编制记账凭证后登记银行存款日记账。

> 问题3：企业收到银行承兑汇票应如何处理？

企业收到银行承兑汇票后一般会采用以下三种处理方法。

（1）到期托收：待银行承兑汇票到期后办理托收。

（2）背书转让：在银行承兑汇票未到期前办理背书转让。

（3）办理贴现：如果企业在银行承兑汇票到期之日前资金短缺，可以到银行办理贴现（向银行支付一定的利息费用，提前取得银行承兑汇票款）。

问题4：银行承兑汇票到期，企业应如何办理托收？

委托收付款

【实例10】2024年6月12日，经查询，苏州虎丘文具有限公司的一张银行承兑汇票（见图5-30）将于2024年6月16日到期。

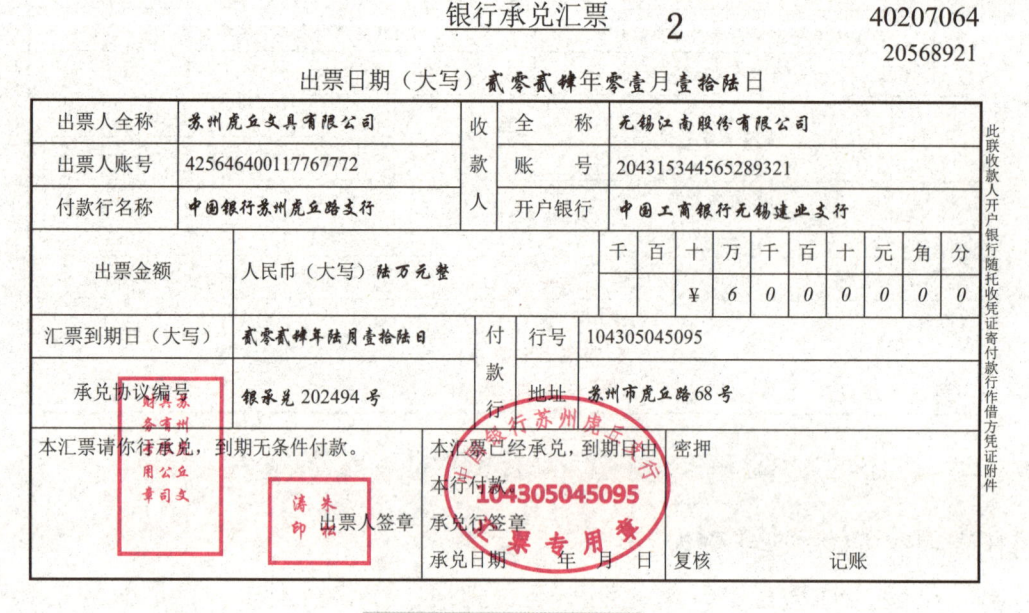

图 5-30　银行承兑汇票

托收业务的处理步骤如下。

（1）提示付款：出纳员应定期查看相关备查簿，对即将到期的银行承兑汇票到银行办理托收。

（2）填制托收凭证：在填制托收凭证之前，出纳员应先在银行承兑汇票背面的"背书人签章"处加盖银行预留印鉴（见图5-31）；填制中国工商银行托收凭证（贷方凭证），如图5-32所示，并在第二联上加盖银行预留印鉴。

被背书人	被背书人
[财务专用章 无锡江南股份有限公司印章] [洪凯签章] 背书人签章 2024 年 6 月 16 日	背书人签章 年 月 日

图 5-31　银行承兑汇票背面

ICBC 中国工商银行　托收凭证（贷方凭证）　2

委托日期 2024 年 6 月 12 日

业务类型	委托收款（□邮划、☑电划）　托收承付（□邮划、□电划）			
收款人	全称	无锡江南股份有限公司	全称	苏州虎丘文具有限公司
	账号	204315344565289321	账号	4256464001177767772
	地址	江苏省无锡市　开户行　中国工商银行无锡建业支行	地址	江苏省苏州市　开户行　中国银行苏州虎丘支行
金额	人民币（大写）陆万元整		千百十万千百十元角分 ¥ 6 0 0 0 0 0 0 0	
款项内容	货款	托收凭据名称　银行承兑汇票	附寄单证张数　1	
商品发运情况			合同名称号码	
备注 收款人开户银行收到日期 　年 月 日	[财务专用章] 上列款项随附有关债务证明，请予办理。[印 凯] 收款人签章　　复核　记账			

此联是收款人开户银行作贷方凭证

图 5-32　中国工商银行托收凭证（贷方凭证）

（3）去银行办理：出纳员先将银行承兑汇票复印两份（一份交会计，另一份自己保管），将托收凭证和银行承兑汇票交银行办理委托收款并取回托收凭证回单联。

（4）款项回笼：款项到达企业银行账户后，出纳员在银行柜台取得中国工商银行托收凭证（收款通知），如图 5-33 所示。

（5）登记账簿：出纳员待制单员编制记账凭证后登记银行存款日记账。

图 5-33　中国工商银行托收凭证（收款通知）

模块 5　网 上 银 行

　　网上银行又称网络银行、在线银行或电子银行，是付款人通过网络与银行之间的支付接口交易款项的一种支付方式。随着网上支付系统安全性的日益增强和网络的普及，越来越多的企业开始在网上进行支付款项的结算。

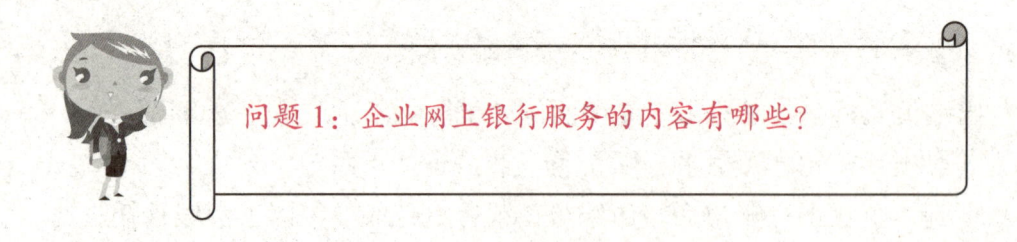

问题 1：企业网上银行服务的内容有哪些？

　　企业拥有银行认证中心颁布的证书（存储在 IC 卡或 USBKey 中），可以通过网上银行进行账务查询、办理代扣代缴业务；可以办理汇款业务、对子公司的账户进行实时监控、在集团公司内部及相关企业间进行资金调拨；还可以进行大批量账户查询、异步批量查询、定频率转账、批量收款等。

问题 2：企业网上银行的申请流程是什么？

企业网上银行的申请流程具体如下。

1. 开立账户

若有银行账户，则不需要另行开立账户；若没有银行账户，则应先开立账户。

2. 填写申请表

在相关开立账户的银行网站上下载并打印、填写书面的网上银行企业客户申请表。填写完成后加盖企业法人代表章或法人代理人章和企业公章。

3. 到银行办理注册手续

填写客户注册登记表，携带加盖公章的营业执照副本的复印件、法人代表身份证复印件、经办人等相关操作员的身份证原件及复印件、法人代表授权委托书，到开户行签订《网上银行企业客户服务协议》，办理正式注册手续。

4. 获取 USBKey 及口令

企业支付费用，到银行领取 USBKey（一般申请 3 个）、口令信封和客户端安全代理软件。客户申请成功后次日，可以登录银行网站，执行"网上银行"→"证书下载"命令，输入客户识别号与初始登录密码（默认为营业执照号码的后六位），自行下载客户端证书。下载客户端证书后就可以登录网上银行办理交易了。

问题 3：如何进行网上支付结算？

申请网上支付结算时，一般银行会给企业几个权限不同、密码不同的 USBKey。企业获得 USBKey 及口令之后，就可以进行网上支付的相关操作了。

由于银行给企业的 USBKey 有不同的权限，企业使用 USBKey 进行网上支付既可以降低网络交易给企业带来的资金风险，又可以防止企业内部人员挪用资金。企业在进行网上支付时，不同岗位的人员根据自己的权限进行相关操作。一般情况下，USBKey 的使用者主要有三种：操作员、复核员、管理员。

1. 操作员

USBKey 的操作员一般是出纳员，主要负责信息的录入。

操作员主要是在支付款项时，录入相关的交易信息，需要录入的信息如下。

（1）收款人信息：包括收款人账号、名称、收款银行。

（2）交易信息：支付金额。

（3）操作：以上信息输入并核对完毕后单击"确定"按钮，输入 USBKey 密码并发送给复核员进行复核。

2. 复核员

USBKey 的复核员一般是会计经理或财务主管，主要负责审核出纳员提交的付款信息。复核一般分为复核的信息无误和复核的信息有误两种情况。

（1）复核的信息无误：当复核员发现复核的信息无误时，单击"提交"按钮并输入 USBKey 密码，再单击"确定"按钮，将信息直接转发给管理员。

（2）复核的信息有误：当复核员发现复核的信息有误时，单击"拒绝支付"按钮并输入 USBKey 密码，再单击"确定"按钮，直接拒绝支付并将信息返回给操作员，操作员再进行相应的修改操作。

3. 管理员

USBKey 的管理员一般是总经理，主要负责对操作员和复核员的权限进行控制及复核信息。管理员复核信息也分为复核的信息无误和复核的信息有误两种。

（1）复核的信息无误：管理员进入界面后，找到付款信息，当管理员确认信息无误时，单击"提交"按钮并输入 USBKey 密码，再单击"确定"按钮，就完成了网上支付。

（2）复核的信息有误：管理员进入界面后，找到付款信息，当管理员确认信息有误时，则直接点击"拒绝支付"按钮并输入 USBKey 密码，再单击"确定"按钮，则该笔付款信息返回给操作员，操作员再进行相应的修改操作。

网上支付成功后，出纳员就可以在网上银行查找付款信息并打印出盖有银行印章的回单；也可以在交易成功后的第二天到开户行领取回单。

【实例 11】 2024 年 5 月 11 日，无锡江南股份有限公司通过网上银行给员工发放工资。中国工商银行单位客户专用回单、中国工商银行转账支票存根（苏）如图 5-34 和图 5-35 所示，2024 年 5 月工资汇总表如表 5-4 所示，工资结算明细表略。

ICBC 中国工商银行单位客户专用回单　　No 572

币别：人民币　　2024 年 6 月 11 日　　流水号：27654487367278658860

付款人	全 称	无锡江南股份有限公司	收款人	全 称	
	账 号	204315344565289321		账 号	
	开户行	中国工商银行无锡建业支行		开户行	

金 额	人民币（大写）人民币叁拾壹万柒仟壹佰壹拾陆元整	千	百	十	万	千	百	十	元	角	分
			¥	3	1	7	1	1	6	0	0

凭证种类	电子转账凭证	凭证号码	4665374680
结算方式	转账	用　途	工资

打印柜员：320654202

打印机构：中国工商银行无锡建业支行

打印卡号：432000000012563

中国工商银行无锡建业支行 电子回单 专用章

（借方凭证）（付款人回单）

打印时间：2024-06-11　　交易柜员：　　交易机构：32176813

图 5-34　中国工商银行单位客户专用回单

中国工商银行

转账支票存根（苏）

Ⅵ10815316

附加信息

出票日期：2024 年 6 月 11 日

收款人：	本单位工资户
金　额：	¥317 116
用　途：	银行代发 5 月份工资

单位主管　洪凯生　　会计　龚丽

图 5-35　中国工商银行转账支票存根（苏）

表 5-4　无锡江南股份有限公司 2024 年 5 月工资汇总表

单位：元

部门	应发工资	个人缴纳社保费	个人缴纳公积金	个人缴纳所得税	实发工资	企业缴纳社保费	企业缴纳公积金	企业支出
总经办	38 600	4 053	3 088	421	31 038	8 933.97	3 088	50 621.97
行政部	12 400	1 302	992		10 106	2 869.98	992	16 261.98
生产部	16 900	1 774.5	1 352	68.25	13 705.25	3 911.51	1 352	22 163.51
财务部	23 500	2 467.5	1 880	81.75	19 070.75	5 439.08	1 880	30 819.08
市场部	11 700	1 228.5	936		9 535.5	2 707.97	936	15 343.97
采购部	13 400	1 407	1 072		10 921	3 101.43	1 072	17 573.43
仓储部	9 500	997.5	760		7 742.5	2 198.78	760	12 458.78
生产车间	187 600	19 698	15 008		152 894	43 420.02	15 008	246 028.02
辅助车间	76 200	8 001	6 096		62 103	17 636.49	6 096	99 932.49
合计	389 800	40 929	31 184	571	317 116	90 219.23	31 184	511 203.23

总经理：洪凯生　　　　审核人：龚丽　　　　制表：许佳敏

【实例 12】 2024 年 6 月 13 日，无锡江南股份有限公司通过网上银行缴纳 5 月份住房公积金，中国工商银行单位客户专用回单如图 5-36 所示，无锡市住房公积金缴存单位汇补明细（部分）如表 5-5 所示。

ICBC 中国工商银行　单位客户专用回单　№ 598

币别：人民币　　　2024 年 6 月 13 日　　　流水号：27654487367727867432

付款人	全称	无锡江南股份有限公司	收款人	全称	惠山区公积金网上缴费银行托收挂账账户
	账号	204315344565289321		账号	320688999000653002
	开户行	中国工商银行无锡建业支行		开户行	中国工商银行无锡惠山区支行营业部

金额　人民币（大写）陆万贰仟叁佰陆拾捌元整　　千百十万千百十元角分　¥ 6 2 3 6 8 0 0

凭证种类：电子转账凭证　　凭证号码：4665374681

结算方式：转账　　用途：住房公积金托收

打印柜员：320654202
打印机构：中国工商银行无锡建业支行
打印卡号：432000000012674

打印时间：2024-06-13　　交易柜员：　　交易机构：32176813

图 5-36　中国工商银行单位客户专用回单

表5-5 无锡市住房公积金缴存单位汇补明细（部分）

单位：元

单位名称			无锡江南股份有限公司			
单位公积金代码			680033656			
序号	个人公积金账号	姓名	业务类别	汇补缴金额	缴存月份	入账日期
1	2065466326	洪凯生	汇缴	2 468	202405	20240613
2	8005487627	肖敏	汇缴	1 732	202405	20240613
3	3245879254	祝云	汇缴	846	202405	20240613
4	9067452522	袁红萍	汇缴	1 656	202405	20240613
5	1337865430	许佳敏	汇缴	984	202405	20240613
6	7653422906	龚丽	汇缴	638	202405	20240613

【实例13】 2024年6月13日，无锡江南股份有限公司通过网上银行支付所欠货款。相关付款申请书、中国工商银行单位客户专用回单如图5-37和图5-38所示。

无锡江南股份有限公司付款申请书

2024年6月13日

银行付讫

用 途	金 额										收款单位：无锡市滨湖钢管有限公司	
	亿	千	百	十	万	千	百	十	元	角	分	
支付欠货款					¥5	6	5	0	0	0	0	账　号：3232320997770003422
												开户行：交通银行无锡滨湖支行
金额大写（合计）	人民币伍万陆仟伍佰元整											电汇□ 转账□ 汇票□ 网银☑
总经理	洪凯生	财务部门	经理	袁红萍			经办部门	经理	王峰			
			会计	龚丽				经办人	鲁基业			

图5-37 无锡江南股份有限公司付款申请书

ICBC 中国工商银行单位 客户专用回单　　No 599

币别：人民币　　2024年6月13日　　流水号：2765448736727867433

付款人	全称	无锡江南股份有限公司	收款人	全称	无锡市滨湖钢管有限公司
	账号	204315344565289321		账号	3232320997770003422
	开户行	中国工商银行无锡建业支行		开户行	中国交通银行无锡滨湖支行

金 额	人民币（大写）伍万陆仟伍佰元整	千	百	十	万	千	百	十	元	角	分
				¥5	6	5	0	0	0	0	
凭证种类	电子转账凭证	凭证号码				4665374682					
结算方式	转账	用途				货款					

打印柜员：320654202
打印机构：中国工商银行无锡建业支行
打印卡号：432000000012765

（借方凭证）（付款人回单）

打印时间：2024-06-13　　交易柜员：　　交易机构：32176813

图5-38 中国工商银行单位客户专用回单

95

【实例 14】 2024 年 6 月 15 日，无锡江南股份有限公司收到 5 月销售商品的销货款，中国工商银行单位客户专用回单如图 5-39 所示。

ICBC 中国工商银行		单位客户专用回单		№ 983								
币别：人民币		2024 年 6 月 15 日		流水号：27654487367278696543								
付款人	全 称	无锡市江海贸易有限公司	收款人	全 称	无锡江南股份有限公司							
	账 号	204315344500563228		账 号	204315344565289321							
	开户行	中国工商银行无锡旺庄路支行		开户行	中国工商银行无锡建业支行							
金 额	人民币（大写）伍万陆仟伍佰元整			千	百	十	万	千	百	十	元	角	分
						¥	5	6	5	0	0	0	0
凭证种类	电子转账凭证		凭证号码	2202486535								
结算方式	转账		用 途	货款								

打印柜员：320654202
打印机构：中国工商银行无锡建业支行
打印卡号：432000000012986

打印时间：2024-06-15　　交易柜员：　　交易机构：32176813

图 5-39　中国工商银行单位客户专用回单

项目 6　日记账的登记

模块 1　日记账的常识

问题 1：出纳员应登记哪些账簿？

在实际工作中，出纳员主要登记现金日记账和银行存款日记账，还要根据需要登记备查簿。

问题 2：怎样启用日记账？

出纳员在启用日记账时，应先填制日记账扉页的账簿启用及接交表。账簿启用及接交表分为两部分，上半部分为账簿启用表，在启用账簿时填写；下半部分为账簿接交表，在办理交接时填写。账簿启用及接交表示例如表 6-1 所示。

【实例 1】 2024 年 6 月 30 日，无锡江南股份有限公司第二本现金日记账用完，启用第三本现金日记账。无锡江南股份有限公司法人代表：洪凯生；财务主管：袁红萍；复核：龚丽；出纳员：许佳敏。2024 年 6 月 30 日，启用第三本现金日记账时填写的账簿启用及接交表如表 6-2 所示。

表 6-1　账簿启用及接交表示例

账 簿 启 用 及 接 交 表

单位名称									印　鉴	
账簿名称	\multicolumn{5}{l}{（第　　册）}					
账簿编号										
账簿页数	\multicolumn{5}{l}{本账簿共计　　页（账簿页数检点人盖章）}					
启用日期	\multicolumn{5}{l}{公元　　年　　月　　日}					
经管人员	单位主管		财务主管		复核		记账			
	姓名	盖章	姓名	盖章	姓名	盖章	姓名	盖章		
接交记录	经管人员		接管			交出				
	职别	姓名	年	月	日	盖章	年	月	日	盖章
备注										

表 6-2　现金日记账账簿启用及接交表

账 簿 启 用 及 接 交 表

单位名称	无锡江南股份有限公司								印　鉴 财务专用章 无锡江南股份有限公司	
账簿名称	现金日记账　　（第三册）									
账簿编号										
账簿页数	本账簿共计 100 页（账簿页数检点人盖章）许佳敏									
启用日期	公元 2024 年 6 月 30 日									
经管人员	单位主管		财务主管		复核		记账			
	姓名	盖章	姓名	盖章	姓名	盖章	姓名	盖章		
	洪凯生	洪凯生	袁红萍	袁红萍	龚丽	龚丽	许佳敏	许佳敏		
接交记录	经管人员		接管			交出				
	职别	姓名	年	月	日	盖章	年	月	日	盖章
备注										

问题3：登记日记账应遵守哪些记账规则？

出纳员在登记日记账时，必须严格遵守以下规则。

（1）登记日记账时，应将收款凭证和付款凭证的日期、种类和编号、业务内容摘要、金额等逐项记入账内，做到数字准确、摘要清楚、登记及时、字迹工整。

（2）登账完毕，要在收款凭证和付款凭证上签名或盖章，并注明符号"√"，表示已经记账。

（3）日记账中书写的文字和数字上面要留有适当空格，不要写满格，应紧靠本格左线和底线，字体大小通常占格子的1/2。

（4）为了使日记账记录清晰、防止涂改，记账时应使用蓝黑墨水或碳素墨水书写，不得使用圆珠笔（银行的复写账簿除外）或铅笔书写。

（5）遇到下列情况，可以使用红色墨水记账。

① 结账画通栏红线。

② 冲销错账。

（6）日记账应按页次顺序连续登记，不得跳行、隔页。如果发生跳行、隔页，应将空行、空页画线注销，或者注明"此行空白""此页空白"字样，并由记账人员签名或盖章，不得任意撕毁账页。

（7）日记账必须逐日结出余额。

（8）账页记满时，应办理转页手续。每一账页登记完毕结转下页时，应结出本月发生额合计数及余额，写在本页最后一行和下页第一行有关栏内，并在摘要栏内注明"过次页"和"承前页"字样；也可以将本月发生额合计数及余额只写在下页第一行有关栏内，并在摘要栏内注明"承前页"字样。日记账结计"过次页"的合计数应为自本月月初起至本页止的发生额合计数。

（9）实行会计电算化的企业，发生收款和付款业务时，在输入收款凭证和付款凭证的当天必须打印出现金日记账和银行存款日记账，并与库存现金核对相符。

问题4：日记账是如何设置的？

日记账必须采用订本式，其格式通常为三栏式。

日记账应按币种设置，我国企业通常设置人民币现金日记账。企业如果有外币现金业务，应另设外币现金日记账。

银行存款日记账应按银行账号开设，企业可根据银行账号分别设置银行存款日记账。例如，企业有 5 个银行账号，则应分别设置 5 本银行存款日记账。

> **问题 5：日记账登记的依据是哪些记账凭证？**

在采用专用记账凭证时，现金日记账登记的依据是现金收款凭证、现金付款凭证和部分银行付款凭证（从银行提取现金的业务）；在采用通用记账凭证时，现金日记账登记的依据是涉及"库存现金"科目的记账凭证。

在采用专用记账凭证时，银行存款日记账登记的依据是银行收款凭证、银行付款凭证和部分现金付款凭证（现金存入银行的业务）；在采用通用记账凭证时，银行存款日记账登记的依据是涉及"银行存款"科目的记账凭证。

> **问题 6：出纳员如何办理日记账转页手续？**

在账页记满时，应办理转页手续。每一页账页登记完毕结转下页时，应结出本月合计数及余额，写在本页最后一行内，并在摘要栏内注明"过次页"字样；日记账结计"过次页"的合计数应为自本月月初起至本页止的发生额合计数；在下页第一行摘要栏注明"承前页"字样，并将前一页"过次页"的金额抄过来。

> **问题 7：如何进行日记账结账？**

日记账结账分为日结、月结、年结三种。

（1）日结：日记账应按日结出本日发生额及余额，在摘要栏内注明"本日合计"字样，并在下面通栏画单红线。

（2）月结：月末，要结出本月发生额及余额，在摘要栏内注明"本月合计"字样，并在下面通栏画单红线。

（3）年结：年末，要结出本年累计发生额及余额，在摘要栏内注明"本年累计"字样，并在下面通栏画双红线。

问题 8：如何进行日记账年终更换？

日记账必须每年更换，在年度终了结账时，将日记账余额结转下年，在摘要栏内注明"结转下年"字样，在贷方栏内填上结转的余额数；在下一会计年度新建日记账的第一页摘要栏内注明"上年结转"字样，在余额栏内填上上一年结转的余额数。

模块 2　登记现金日记账

问题 1：如何做到现金日清日结？

现金日记账登记

企业的现金要做到日清日结，具体如下。

（1）登记现金日记账：出纳员应根据当天的现金收支业务登记现金日记账。

（2）盘点并核对现金：出纳员应每日将实际盘点的库存现金与现金日记账账面余额进行核对，保证账实相符。

（3）凭证移交给会计：出纳员要将当天的业务及凭证进行整理，编制一式两份的交接表，并将凭证移交给会计，由会计编制记账凭证。

问题 2：如何登记现金日记账？

三栏式现金日记账（见表 6-3）的具体登记方法如下。

（1）日期栏：登记编制记账凭证的日期，应与现金实际收付日期一致。

（2）凭证号数栏：登记入账的收款凭证、付款凭证的种类和编号。例如，现金付款凭证可以缩写为"现付"，现金收款凭证可以缩写为"现收"。另外，还应登记记账凭证的编号，以便于核查。

（3）对方科目栏：登记现金收入或支出对应的总分类科目名称。例如，以现金借出备用金，其对应的科目为"其他应收款"。对方科目的作用在于了解经济业务的来龙去脉。对方科目有多个时，应填写主要科目，而不能将一笔现金增加业务拆为两个或多个对方科目。例如，销售商品收到现金的对方科目有"主营业务收入"和"应交税费",可在对方科目栏中写"主营业务收入等"。

表 6-3 三栏式现金日记账

三栏式现金日记账

年		凭证号数	对方科目	摘　要	√	收入（借方）金额	支出（贷方）金额	结存金额
月	日							

（4）摘要栏：简要说明入账的经济业务的内容，力求简明扼要。

（5）收入（借方）金额、支出（贷方）金额、结存金额栏：登记现金收付的实际金额。每日终了，对当日有两笔或两笔以上收支业务的应分别计算现金收入和支出的合计数，并结出余额（若本日发生业务只有一笔时，只需结出余额）。

（6）过次页栏：为本月库存现金收入、支出的合计数。

【实例2】 无锡江南股份有限公司2024年1月1日上年转入现金7 500元；2024年11月30日结账后余额为6 000元；2024年12月27日现金日记账余额为16 359.95元；2024年12月28—31日有关现金收支业务记账凭证如图6-1、图6-2和表6-4所示，表6-4为简化记账凭证。登记的现金日记账如表6-5和表6-6所示。

收款凭证

借方科目：库存现金　　　　2024 年 12 月 28 日　　　　现 收字 第 32 号

摘要	贷方科目	明细科目	金　额							√
			十万	万	千	百	十	元	角	分	
收回备用金	其他应收款	备用金（李平）			1	7	2	0	0	
		合　　计		￥		1	7	2	0	0	

会计主管：　　　　记账：　　　　复核：　　　　出纳：魏华　　　　制单：龚丽

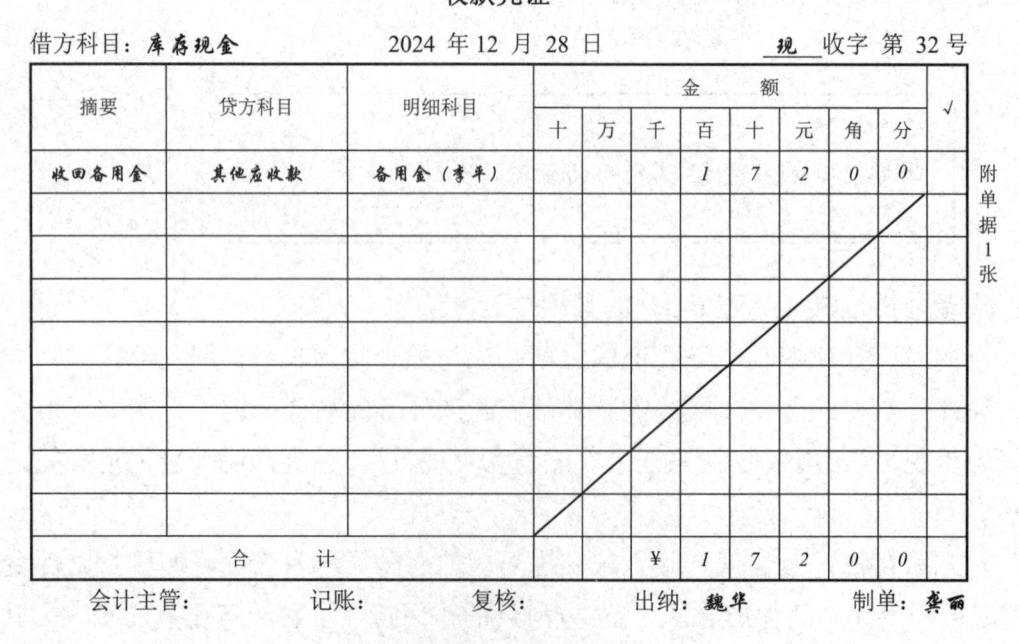

附单据1张

图 6-1　收款凭证

付款凭证

贷方科目：库存现金　　　　2024 年 12 月 28 日　　　　现 付字 第 167 号

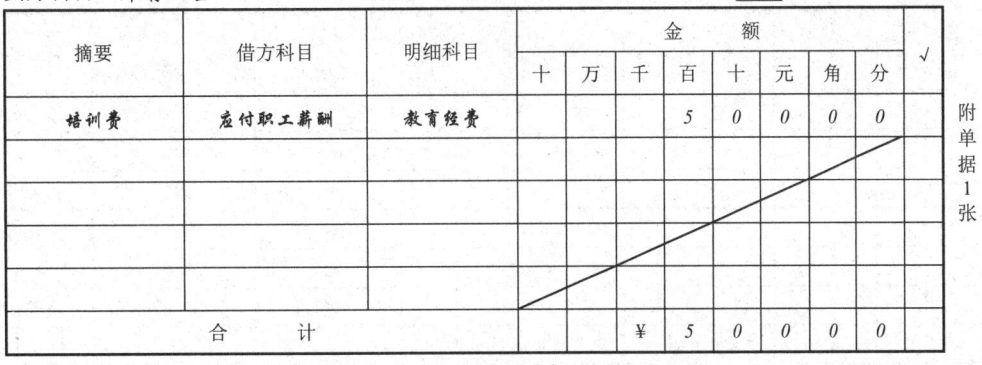

摘要	借方科目	明细科目	十万	万	千	百	十	元	角	分	√
培训费	应付职工薪酬	教育经费				5	0	0	0	0	
	合　　计				¥	5	0	0	0	0	

附单据1张

会计主管：　　　记账：　　　复核：　　　出纳：魏华　　　制单：龚丽

图 6-2　付款凭证

表 6-4　简化记账凭证

时间	编号	摘要	会计分录（记账凭证）	记账符号
12.28	现付168	计算机修理费	借：管理费用——修理费　　760 　贷：库存现金　　760	√
28	银付87	提取备用金	借：库存现金　　10 000 　贷：银行存款　　10 000	√
31	现收33	销售商品	借：库存现金　　678 　贷：主营业务收入　　600 　　　应交税费——应交增值税（销项税额）　78	√
31	现付169	报销入托费	借：应付职工薪酬——职工福利费　　450 　贷：库存现金　　450	√
31	现付170	购入办公用品	借：管理费用——办公费　　288.50 　　应交税费——应交增值税（进项税额）　37.50 　贷：库存现金　　326	√
31	现付171	报销差旅费	借：管理费用——差旅费　　2 400 　贷：库存现金　　2 400	√
31	现付172	报销业务招待费	借：管理费用——业务招待费　　720 　贷：库存现金　　720	√
31	现收34	收回职工借款	借：库存现金　　2 000 　贷：其他应收款——职工借款（王迪）　2 000	√
31	现收35	职工向灾区捐款	借：库存现金　　7 540 　贷：其他应付款——市红十字会　7 540	√
31	现付173	付红十字会捐款	借：其他应付款——红十字会　　7 540 　贷：库存现金　　7 540	√
31	现收36	销售商品	借：库存现金　　791 　贷：主营业务收入　　700 　　　应交税费——应交增值税（销项税额）　91	√
31	现付174	销售款存入银行	借：银行存款　　1 469 　贷：库存现金　　1 469	√

表6-5　现金日记账

现金日记账　　　　　　　　　　29

2024年		凭证号数	对方科目	摘　要	√	收入（借方）金额	支出（贷方）金额	结存金额
月	日							
12	27			承前页		167 057.67	139 575.22	33 482.45
				略		略	略	略
				略		略	略	略
				略		略	略	略
				略		略	略	略
				本日合计		20 568	37 690.50	16 359.95
	28	现收32	其他应收款	收多余备用金		172		16 531.95
	28	现付167	应付职工薪酬	统计员培训费			500	16 031.95
	28	现付168	管理费用	计算机修理费			760	15 271.95
	28	银付87	银行存款	提取备用金		10 000		25 271.95
				本日合计		10 172	1 260	25 271.95
				过次页		¥197 797.67	¥178 525.72	¥25 271.95

表6-6　现金日记账

现金日记账　　　　　　　　　　30

2024年		凭证号数	对方科目	摘　要	√	收入（借方）金额	支出（贷方）金额	结存金额
月	日							
12	31			承前页		197 797.67	178 525.72	25 271.95
	31	现收33	主营业务收入等	销售商品		678		25 949.95
	31	现付169	应付职工薪酬	报销入托费			450	25 499.95
	31	现付170	管理费用等	购入办公用品			326	25 173.95
	31	现付171	管理费用	报销差旅费			2 400	22 773.95
	31	现付172	管理费用	报销业务招待费			720	22 053.95
	31	现收34	其他应收款	职工归还借款		2 000		24 053.95
	31	现收35	其他应付款	收到捐款		7 540		31 593.95
	31	现付173	其他应付款	上交捐款			7 540	24 053.95
	31	现收36	主营业务收入等	销售商品		791		24 844.95
	31	现付174	银行存款	解存银行			1 469	23 375.95
	31			本日合计		11 009	12 905	23 375.95
	31			本月合计		208 806.67	191 430.72	23 375.95
	31			本年累计		2 139 740	2 123 864.05	23 375.95
	31			结转下年				¥23 375.95

（1）31日余额=25 271.95+11 009-12 905=23 375.95（元）

（2）月末余额=6 000+208 806.67-191 430.72=23 375.95（元）

（3）年末余额=7 500+2 139 740-2 123 864.05=23 375.95（元）

问题3：如何盘点并核对现金？

出纳员在下班前将现金日记账登记完毕后，需要盘点现金实有数并与现金日记账余额进行核对，确认账实是否相符。若两者有差异，出纳员需要找出原因并进行处理。

问题4：如何进行原始凭证移交？

出纳员经手的各种原始凭证一旦丢失将无法补办，其将因丢失原始凭证承担相应的责任。因此，出纳员应及时将相关原始凭证交接给会计，重要的原始凭证在交接时需要填写单据交接单（一式两份），如表6-7所示，由双方签字确认，以明确责任。

表6-7 单据交接单

2024年12月5日　　　　　　　　　　　　　　　　　　单位：元

序号	报账部门	报账人	金额	票据名称	附件张数	财务签收
1	办公室	符娟	1 260	报销单	3	√
2	销售科	王狮	670	报销单	2	√
3	供应科	师冲	2 000	借条	1	√

移交人签字：魏华　　　　　　　　　　　　　　　　　接收人签字：龚丽

模块3　登记银行存款日记账

问题：如何登记银行存款日记账？

三栏式银行存款日记账的具体登记方法如下。

（1）日期栏：登记编制记账凭证的日期，应与银行存款实际收付日期一致。

（2）凭证号数栏：登记入账的收款凭证、付款凭证的种类和编号。例如，银行付款凭证可以缩写为"银付"，银行收款凭证可以缩写为"银收"。另外，还应登记记账凭证的编号，以便于核查。

（3）对方科目栏：登记银行收入或支出对应的总分类科目名称。例如，购进材料并验收入库业务，其对方科目为"原材料等"。

（4）摘要栏：简要说明入账的经济业务的内容，力求简明扼要。

（5）结算凭证栏：如果所记录的经济业务是采用支票方式付款结算的，应在此栏内填写相应的支票号码，以便与开户行对账。此栏并不是必要的。

（6）收入（借方）金额、支出（贷方）金额、结存金额栏：登记银行存款收付的实际金额。每日终了，对当日有两笔或两笔以上收支业务的应分别计算银行存款收入和支出的合计数，并结出余额（若本日发生业务只有一笔时，则只需结出余额），做到日结。月终，同样要计算出全月银行存款收入、支出的合计数和结存数，做到月结。

银行存款日记账登记

【实例3】 无锡江南股份有限公司2023年12月31日银行存款（账号20431534465289321）余额为2 526 798元，2024年1月3—4日相关银行存款收支业务记账凭证如图6-3和表6-8所示，表6-8为简化记账凭证。

收款凭证

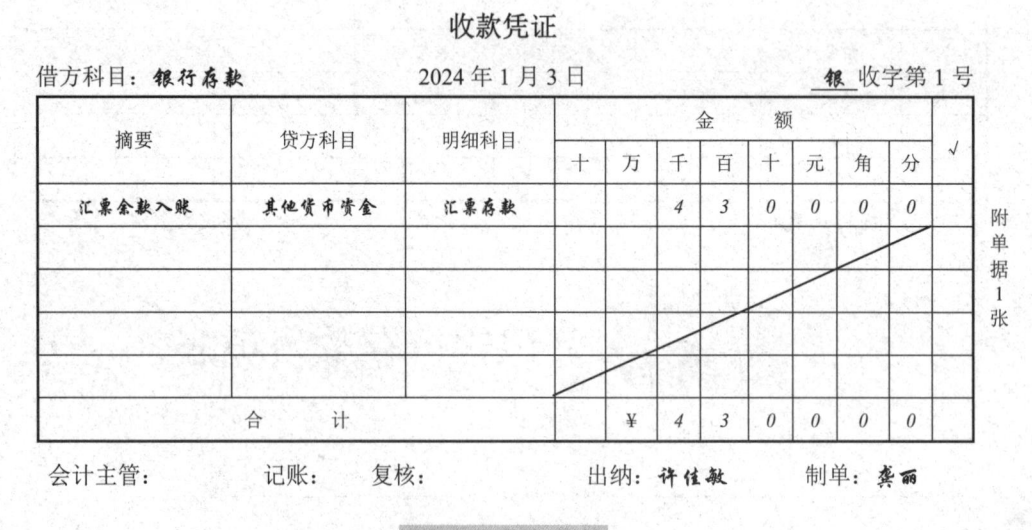

借方科目：银行存款　　　　2024年1月3日　　　　银 收字第1号

摘要	贷方科目	明细科目	金额（十万千百十元角分）	√
汇票金款入账	其他货币资金	汇票存款	4 3 0 0 0 0	
	合　计		¥ 4 3 0 0 0 0	

会计主管：　　记账：　　复核：　　出纳：许佳敏　　制单：龚丽

附单据1张

图6-3　收款凭证

表6-8 简化记账凭证

时间	编号	摘要	会计分录（记账凭证）		记账符号
1.3	银付1号	提取备用金（现支#4566）	借：库存现金 　贷：银行存款	5 000 5 000	√
3	银收2号	销售商品	借：银行存款 　贷：主营业务收入 　　应交税费——应交增值税	169 500 150 000 19 500	√
3	银付2号	付徐钢材料款	借：在途物资 　应交税费——应交增值税 　贷：银行存款	186 500 24 245 210 745	√
3	银付3号	12月份税费	借：应交税费——应交增值税 　应交税费——应交城建税 　应交税费——应交教育附加费 　贷：银行存款	86 754 6 072.78 2 602.62 95 429.4	√
3	银收3号	东方公司货款回笼	借：银行存款 　贷：应收账款——东方公司	307 806 307 806	√
3	银付4号	付绿化费	借：管理费用 　贷：银行存款	1 670 1 670	√
3	银付5号	银行代发工资	借：应付职工薪酬——工资 　贷：银行存款	246 895 246 895	√
3	银付6号	支付代扣款	借：其他应付款——社会保险费 　应交税费——个人所得税 　贷：银行存款	47 981 2 178 50 159	√
3	银付7号	12月份电话费	借：管理费用 　贷：银行存款	8 700 8 700	
3	银收4号	大江公司商业汇票款到账	借：银行存款 　贷：应收票据——大江公司	100 000 100 000	√
3	银收5号	红星公司预付款	借：银行存款 　贷：预收账款——红星公司	250 000 250 000	√
4	银收6号	出售不需用设备	借：银行存款 　贷：固定资产清理	38 700 38 700	√
4	银付8号	晚报广告费	借：销售费用 　贷：银行存款	15 000 15 000	√
4	银收7号	收顺通公司所欠货款	借：银行存款 　贷：应收账款——顺通公司	216 000 216 000	√
4	银付9号	还短期借款	借：短期借款 　应付利息 　财务费用 　贷：银行存款	600 000 6 000 1 430 607 430	√
4	银付10号	购入设备	借：固定资产 　应交税费——应交增值税 　贷：银行存款	156 000 20 280 176 280	√
4	银付11号	提现备用	借：库存现金 　贷：银行存款	6 000 6 000	√
4	银付12号	银行转发季度奖金	借：应付职工薪酬——职工工资 　贷：银行存款	180 960 180 960	√

续表

时间	编号	摘要	会计分录（记账凭证）		记账符号
4	银付13号	购入办公家具	借：周转材料——低值易耗品 　　应交税费——应交增值税 　　贷：银行存款	16 000 2 080 18 080	√
4	银付14号	办理银行汇票	借：其他货币资金——银行汇票 　　贷：银行存款	150 000 150 000	√
4	银收8号	销售商品	借：银行存款 　　贷：主营业务收入 　　　　应交税费——应交增值税	402 280 356 000 46 280	√
4	银付15号	退红星公司余款	借：预收账款——红星公司 　　贷：银行存款	6 800 6 800	√
4	现付8号	销售缴存银行	借：银行存款 　　贷：库存现金	819 819	√
4	银收9号	借入6个月的借款	借：银行存款 　　贷：短期借款	500 000 500 000	√

根据上述记账凭证登记无锡江南股份有限公司2024年1月3—4日银行存款日记账（如表6-9和表6-10所示）。

表6-9 银行存款日记账

银行存款日记账 　　　　　　　　　　19

2024年		凭证号数	对方科目	摘要	收入（借方）金额	支出（贷方）金额	结存金额
月	日						
1	3			上年转入			2 526 798
	3	银收1	其他货币资金	汇票余款入账	4 300		2 531 098
	3	银付1	库存现金	提现备用		5 000	2 526 098
	3	银收2	主营业务收入等	销售商品	169 500		2 695 598
	3	银付2	在途物资等	付徐钢材料款		210 745	2 484 853
	3	银付3	应交税费	付相关税费		95 429.4	2 389 423.6
	3	银收3	应收账款	东方公司货款	307 806		2 697 229.6
	3	银付4	管理费用	付绿化费		1 670	2 695 559.6
	3	银付5	应付职工薪酬	银行代发工资		246 895	24 448 664.6
	3	银付6	其他应付款等	付代扣款		50 159	2 398 505.6
	3	银付7	管理费用	付12月份电话费		8 700	2 389 805.6
				过次页	¥481 606	¥618 598.4	¥2 389 805.6

注：本项目不涉及对账，结算凭证略。

表6-10　银行存款日记账

银行存款日记账　　　　　　　　　　20

2024年		凭证号数	对方科目	摘要	收入（借方）金额	支出（贷方）金额	结存金额
月	日						
				承前页	481 606	618 598.4	2 389 805.6
1	3	银收4	应收票据	商业汇票款到账	100 000		2 489 805.6
	3	银收5	预收账款	红星公司预付款	250 000		2 739 805.6
				本日合计	831 606	618 598.4	2 739 805.6
	4	银收6	固定资产清理	出售闲置设备	38 700		2 778 505.6
	4	银付8	销售费用	广告费		15 000	2 763 505.6
	4	银收7	应收账款	顺通公司欠货款	216 000		2 979 505.6
	4	银付9	短期借款等	还借款及利息		607 430	2 372 075.6
	4	银付10	固定资产等	购入设备		176 280	2 195 795.6
	4	银付11	库存现金	提现备用		6 000	2 189 795.6
	4	银付12	应付职工薪酬	银行转发奖金		180 960	2 008 835.6
	4	银付13	固定资产等	购入办公家具		18 080	1 990 755.6
	4	银付14	其他货币资金	办理银行汇票		150 000	1 840 755.6
	4	银收8	主营业务收入等	销售商品	402 280		2 243 035.6
	4	银付15	预收账款	退红星公司余款		6 800	2 236 235.6
	4	现付8	库存现金	销售缴存银行	819		2 237 054.6
	4	银收9	短期借款	借短期借款	500 000		2 737 054.6
				本日合计	¥1 157 799	¥1 160 550	¥2 737 054.6

模块 4　资金报表的编制

问题1：什么是资金报表？

资金报表是反映企业一定时间内库存现金、银行存款等资金收付情况，为企业管理层提供整体资金信息的报表。资金报表分为日报表、月报表等。

资金报表所反映的信息既直观又简洁，编制资金报表是出纳员必不可少的一项工作。

问题2：资金报表的格式是怎样的？

编制资金报表的目的是能及时、正确地反映一定时间内企业资金的收付、结余情况，为企业的经营决策提供依据。其格式可根据使用者的要求自行设计，其基本格式如表 6-11 所示。

表 6-11 资金报表

编制单位：　　　　　　　　　编制期间：　　　　　　　　　日期：

项目	资金合计	库存现金	银行存款（基本户）	银行存款（其他户）
一、上期结余				
二、本期收入				
1. 经营收入				
2. 银行贷款				
3. 收取押金				
4. 收回借款				
5. 预收货款				
6. 其他收入				
本期收入合计				
三、本期支出				
1. 支付货款				
2. 发放工资				
3. 偿还贷款				
4. 预付货款				
5. 缴纳押金				
6. 日常费用				
7. 固定资产购置				
8. 办公用品购置				
9. 借出备用金				
10. 其他				
本期支出合计				
四、期末结余				

复核：　　　　　　　　　　　　　　　编制：

问题3：资金报表如何编制？

资金报表分为日报表、月报表等。若单位资金流动量大，就会要求出纳员按日编制；若单位资金流动量不大，一般要求按月编制。

资金报表一般根据现金日记账和银行存款日记账编制，具体编制步骤如下。

（1）上期结余项目：根据现金日记账期初余额、银行存款日记账期初余额，计算资金合计栏金额。

（2）本期收入项目：分别根据现金日记账、银行存款日记账借方发生额分析填列，再计算资金合计栏金额。

（3）本期支出项目：分别根据现金日记账、银行存款日记账贷方发生额分析填列，再计算资金合计栏金额。

（4）期末结余项目：

期末结余资金=上期结余资金+本期收入资金-本期结余资金

问题4：如何检验资金报表编制结果的准确性？

出纳员编制完资金报表，为了保证其准确性，在编制完毕后要进行检验，具体方法如下。

（1）库存现金部分：将资金报表中现金收入合计数与现金日记账中本日借方合计数进行核对；将资金报表中现金支出合计数与现金日记账中本日贷方合计数进行核对。

（2）银行存款部分：将资金报表中银行存款收入合计数与银行存款日记账中本日借方合计数进行核对；将资金报表中银行存款支出合计数与银行存款日记账中本日贷方合计数进行核对。

（3）将资金报表中期末结余金额分别与现金日记账和银行存款日记账余额进行核对。

项目 7　现金与银行存款的其他业务

模块 1　现金的清查

问题 1：现金清查的方法是什么？

现金清查应采用实地盘点的方法，即盘点库存现金实有数并将其与现金日记账余额进行核对。

问题 2：怎样进行现金清查？

现金的清查

出纳员应根据当日现金日记账的账面余额自行盘点库存现金并进行核对，做到日清日结、账实相符。同时，企业还应组织清查人员对库存现金进行定期或不定期清查，确定库存现金的实有数，并与现金日记账的账面余额核对，以查明账实是否相符和盈亏情况。

在进行现金清查时，为了明确经济责任，出纳员必须在场。在清查过程中不能用白条抵库，也就是说不能用不具有法律效力的借条、收据等抵充库存现金。盘点完库存现金后，应根据盘点结果和现金日记账核对的情况，填制库存现金盘点报告表。库存现金盘点报告表是重要的原始凭证，由盘点人员和出纳员共同签字后方能生效。库存现金盘点报告表如表 7-1 所示。

表 7-1 库存现金盘点报告表

币种：　　　　　　　　　　　盘点日：　　年　月　日　　　　　　　　　单位：元

票面金额	张数	金额	票面金额	张数	金额
壹佰元			伍元		
伍拾元			壹元		
贰拾元			伍角		
壹拾元			壹角		
实际盘点金额合计					
现金日记账账面余额					
加：收入凭证未入账					
减：付出凭证未入账					
调整后现金余额					
实存与账面差额					

盘点人（签字）：　　　　　　会计主管（签字）：　　　　　　出纳（签字）：

【实例 1】 无锡江南股份有限公司 2024 年 11 月 2 日派清查小组人员方晶晶对库存现金进行清查，经盘点库存现金实有数为 3 120 元，现金日记账记录情况如表 7-2 所示。

表 7-2 现金日记账

现金日记账

单位：元

2024年		凭证号数	对方科目	摘要	收入（借方）金额	支出（贷方）金额	结余金额
月	日						
				承前页	236 780	256 009	4 500
11	2	银付3	银行存款	提取现金	1 200		5 700
	2	现付5	其他应收款	支付差旅费		3 000	2 700
	2	现付6	管理费用	购入办公用品		150	2 550
	2	现付7	管理费用	支付计算机修理费		480	2 070
	2	现收2	其他应收款	退回差旅费余款	200		2 270
	2	现收3	主营业务收入等	销售产品	1 130		3 400
	2	现付8	材料采购	支付运杂费		500	2 900
				本日合计	2 530	4 130	2 900

现金清查步骤如下。

（1）由清查小组人员方晶晶清点库存现金，经清点，现金实有数为 3 120 元（财务经理袁红萍和出纳员魏华在现场）。

（2）将库存现金实有数与现金日记账余额进行核对，发现长款 220（3 120-2 900）元。

（3）找出未入账凭证（见图 7-1）。

（4）对相关未入账的业务进行调整，编制库存现金盘点报告表（见表 7-3），如有差异，写明处理意见。

（5）盘点人员、财务经理、出纳员签字确认。

收　据　　　　　　　No 0008835

2024 年 11 月 2 日

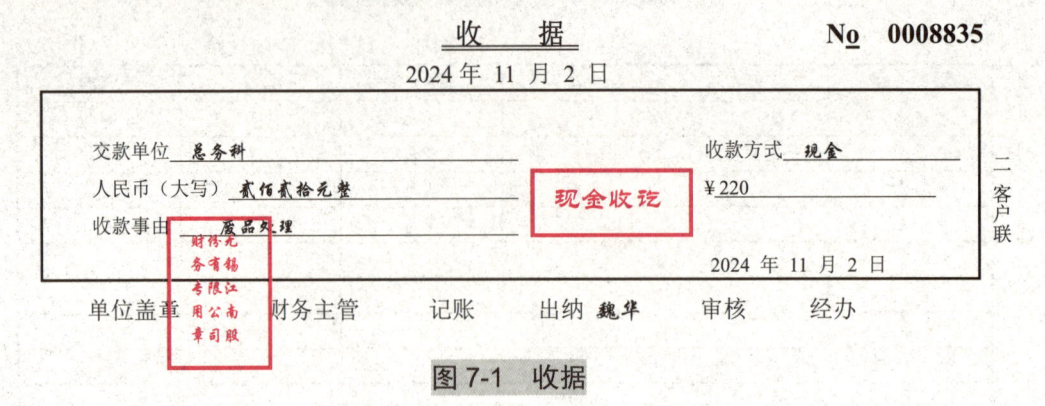

交款单位 __总务科__　　　　　　　　收款方式 __现金__

人民币（大写）__贰佰贰拾元整__　　　现金收讫　￥220

收款事由 __废品处理__

　　　　　　财务专用章 无锡江南有限公司股　　　　　　2024 年 11 月 2 日

单位盖章　　财务主管　　记账　　出纳 __魏华__　　审核　　经办

二客户联

图 7-1　收据

表 7-3　库存现金盘点报告表

币种：　　　　　　盘点日：2024 年 11 月 2 日　　　　　　单位：元

票面金额	张数	金额	票面金额	张数	金额
壹佰元	18	1800	伍元	26	130
伍拾元	11	550	壹元	40	40
贰拾元	19	380	伍角		
壹拾元	22	220	壹角		
实际盘点金额合计			3 120		
现金日记账账面余额			2 900		
加：收入凭证未入账			220		
减：付出凭证未入账			0		
调整后现金余额			3 120		
实存与账面差额			0		

盘点人（签字）：__方晶晶__　　会计主管（签字）：__袁红萍__　　出纳（签字）：__魏华__

模块 2　银行存款的清查

问题 1：如何进行银行存款的清查？

　　银行存款的清查与现金的清查方法不同，不是采用实地盘点法，而是采用对账单法。
　　银行存款清查的对账单法是指企业将其银行存款日记账与开户行送来的对账单逐笔进行核对，查明有无未达账项的一种财产清查的方法。

问题2：银行存款日记账的余额与银行对账单的余额为什么不一致？

银行存款的清查

在实际工作中，企业银行存款日记账的余额与银行对账单的余额往往不一致。其原因主要有两个：一是由于本企业与银行双方或其中一方记账有错误；二是存在未达账项。

所谓未达账项，是指由于企业与银行之间对于同一项业务取得凭证的时间不同，而发生的一方已取得凭证并登记入账，但另一方尚未取得凭证而尚未登记入账的款项。

未达账项通常有以下四种类型。

（1）企业已收款入账，银行尚未收款入账。例如，企业销售产品收到一张支票，当即送存银行，企业已登记银行存款的增加，而银行未能及时登记存款的增加，从而形成企业已收款入账，银行尚未收款入账的未达账项。

（2）企业已付款入账，银行尚未付款入账。例如，企业购买材料开出一张支票，企业已登记银行存款的减少，但持票人没有及时将支票送存银行，银行无法登记存款的减少，从而形成企业已付款入账，银行尚未付款入账的未达账项。

（3）银行已收款入账，企业尚未收款入账。例如，外地某单位给企业汇来款项，银行收到汇款单后，立即登记存款的增加，而企业尚未收到银行转来的收款通知，无法登记银行存款的增加，从而形成银行已收款入账，企业尚未收款入账的未达账项。

（4）银行已付款入账，企业尚未付款入账。例如，银行代企业支付电费，银行已登记存款的减少，而企业尚未接到银行转来的付款通知，无法登记银行存款的减少，从而形成银行已付款入账，企业尚未付款入账的未达账项。

上述任何一种未达账项都将使企业银行存款日记账余额与银行对账单余额不一致。出现上述（1）和（4）两种情况，将使企业银行存款日记账余额大于银行对账单余额；出现上述（2）和（3）两种情况，将使企业银行存款日记账余额小于银行对账单余额。

问题3：发现未达账项时应如何处理？

企业与银行对账时，应先查明有无未达账项，如果有未达账项则应编制银行存款余额调节表，对企业银行存款日记账余额和银行对账单余额进行调节，以确定银行存款的实有数。

银行存款余额调节表的编制

银行存款余额调节表的编制方法：根据企业银行存款日记账和银行对账单的余额，采用各自加对方已经收款入账，自己尚未收款入账的款项，减去对方已经付款入账，自己尚未付款入账的款项。调节公式如下：

企业银行存款日记账余额 + 银行已收而企业未收的款项 − 银行已付而企业未付的款项

= 银行对账单余额 + 企业已收而银行未收的款项 − 企业已付而银行未付的款项

【实例 2】无锡江南股份有限公司 2024 年 10 月 25—31 日的银行存款日记账和银行对账单如表 7-4 和表 7-5 所示。

表 7-4 银行存款日记账

银行存款日记账

2024年		凭证号数	对方科目	摘 要	收入（借方）金额	支出（贷方）金额	结余金额
月	日						
10	25			承前页	113 457	181 417	498 240
	25	银收15	主营业务收入等	收到销货款（汇票#0525）	67 860		566 100
	26	银付23	在途物资等	支付材料款（转支#45223）		86 112	479 988
	26	银收16	主营业务收入等	收到销货款（转支#98127）	104 832		584 820
	26	银付24	在途物资等	汇出购货款（网银#234）		93 600	491 220
	28	银收17	主营业务收入等	收到销货款（网银#212）	70 200		561 420
	28	银付25	固定资产	支付设备款（转支#45224）		163 800	397 620
	29	银收18	主营业务收入等	收到销货款（转支#8464）	121 680		519 300
	30	银付26	在途物资等	支付材料运杂费（网银#515）		9 860	509 440
	31	银付27	在途物资等	支付材料款（网银#777）		114 660	394 780
				本月合计	略	略	¥394 780

表 7-5　中国工商银行无锡建业支行对账单

账号：2043153445652893211　　单位名称：无锡江南股份有限公司　　2024 年 10 月 31 日止　　单位：元

2024 月	日	摘　要	结算凭证	借　方	贷　方	借或贷	结余金额
10	25	承前页				贷	498 240
	26	收到销货款	汇票#0525		67 860	贷	566 100
	26	收到销货款	网银#212		70 200	贷	636 300
	26	汇出购货款	网银#234	93 600		贷	542 700
	27	收到销货款	转支#98127		104 832	贷	647 532
	28	支付材料运杂费	网银#515	9 860		贷	637 672
	29	收到销货款	网银#576		55 760	贷	693 432
	30	支付设备款	转支#45224	163 800		贷	529 632
	30	支付材料款	转支#45223	86 112		贷	443 520
	31	支付房租	网银#885	9 920		贷	433 600
	31	银行存款计息	银行存款计息单#887		980	贷	434 580

提示：
企业银行存款日记账和银行对账单的记账方向相反，即企业银行存款日记账借方为收入，贷方为支出；银行对账单贷方为收入，借方为支出。

出纳员编制银行存款余额调节表的步骤如下。

（1）将企业银行存款日记账和银行对账单逐笔进行核对，如果是银行存款日记账和银行对账单中均有登记的款项，则同时用铅笔打"√"。

（2）通过核对，找到以下未达账项。

① 2024 年 10 月 29 日，银行已收、企业未收：销货款 55 760 元。

② 2024 年 10 月 29 日，企业已收、银行未收：销货款 121 680 元。

③ 2024 年 10 月 31 日，企业已付、银行未付：材料款 114 660 元。

④ 2024 年 10 月 31 日，银行已付、企业未付：房租 9 920 元。

⑤ 2024 年 10 月 31 日，银行已收、企业未收：存款利息 980 元。

（3）根据上述未达账项，编制 2024 年 10 月 31 日的银行存款余额调节表（见表 7-6）。

表 7-6　银行存款余额调节表

开户行：中国工商银行无锡建业支行　　账号：2043153445652893211 2024 年 10 月 31 日止　　单位：元

项　目	入账日期凭证号	金　额	项　目	入账日期凭证号	金　额
企业银行存款日记账余额		394 780	银行对账单余额		434 580
加：银行已收、企业未收	网银 #576 银行存款计息单#887	55 760 980	加：企业已收、银行未收	转支#8464	121 680
减：银行已付、企业未付	网银 #885	9 920	减：企业已付、银行未付	网银#777	114 660
调节后的余额		441 600	调节后的余额		441 600

117

提示：

（1）通过编制银行存款余额调节表进行调节后，如果企业银行存款日记账余额和银行对账单余额相等，则说明双方记账正确，调节后的存款余额就是企业可动用的银行存款实有数；如果不等，则说明企业和银行一方或双方存在记账错误，应查明原因并进行更正。

（2）银行存款余额调节表不是原始凭证，不能作为记账的原始依据。对于银行已登记入账而企业尚未登记入账的未达账项，企业应在收到银行转来的收款或付款通知后才可以编制记账凭证，再据以登记入账。

问题4：银行存款日记账与银行对账单的记账方向为什么相反？

企业存入银行的款项，对企业而言是资产的增加，记入借方；对银行而言是负债的增加，记入贷方，因此二者的记账方向是相反的。

【实例3】

（1）无锡江南股份有限公司2024年11月30日的银行存款余额调节表如表7-7所示。

表7-7　银行存款余额调节表

开户行：中国工商银行无锡建业支行　　账号：204315344565289321　　2024年11月30日止　　单位：元

摘　要	入账日期 凭证号	金　额	摘　要	入账日期 凭证号	金　额
企业银行存款日记账余额		626 000	银行对账单余额		672 900
加：银行已收、企业未收			加：企业已收、银行未收		
1. 银行承兑汇票款回笼	网银#116	42 900	1.		
2.			2.		
3.			3.		
减：银行已付、企业未付			减：企业已付、银行未付		
1.			1. 贷款（家具）	转支#8764	4 000
2.			2.		
3.			3.		
调节后的余额		668 900	调节后的余额		668 900

（2）无锡江南股份有限公司2024年12月份银行存款日记账如表7-8所示。

（3）无锡江南股份有限公司2024年12月份中国工商银行无锡建业支行对账单如表7-9所示。

表 7-8 银行存款日记账

银行存款日记账

单位：元

2024年 月	日	凭证号数	对方科目	摘 要	收入（借方）金额	支出（贷方）金额	结余金额
12	1			期初余额			626 000
	2	银付1	库存现金	提现备用（现支#553）		3 000	623 000
	3	银收1	应收账款	收回货款（网银#116）	42 900		665 900
	4	银收2	应交税费	缴所得税（网银#765）		60 000	605 900
	5	银付3	在途物资等	付货款（网银#932）		81 900	524 000
	6	现付1	库存现金	销售款解存银行（现缴#245）	58 500		582 500
	10	银收2	主营业务收入等	销售商品（转支#8922）	35 100		617 600
	11	银付4	应付职工薪酬	代发工资（网银#1024）		101 500	516 100
	13	银收3	其他货币资金	汇票多余款（银汇#6743）	24 500		540 600
	16	银收4	短期借款	借入借款（借款单#4230）	500 000		1 040 600
	18	银付5	其他货币资金	办理银行本票（本票#6025）		50 000	990 600
	22	银付6	其他货币资金	办理银行汇票（汇票#0559）		100 000	890 600
	26	银付7	库存现金	提现备用（现支#554）		1 500	889 100
	29	银付8	管理费用	财产保险费（转支#6372）		5 000	884 100
	31			本月合计	661 000	402 900	884 100

表 7-9 中国工商银行无锡建业支行对账单

账号：204315344565289321　　单位名称：无锡江南股份有限公司　　2024年12月31日止　　单位：元

2024年 月	日	摘 要	结算凭证	借 方	贷 方	借或贷	金 额
12	1	期初余额				贷	672 900
	3	支取现金	现支#553	3 000		贷	669 900
	4	缴纳税款	网银#765	60 000		贷	609 900
	5	汇购材料	网银#932	81 900		贷	528 000
	6	送存现金	现缴#245		58 500	贷	586 500
	6	付家具费	转支#8764	4 000		贷	582 500
	9	汇票多余款	银汇#6743		24 500	贷	607 000
	10	代发工资	网银#1024	101 500		贷	505 500
	14	收到销货款	转支#8922		35 100	贷	540 600
	15	办理本票	本票#6025	50 000		贷	490 600
	16	贷款	借款单#4230		500 000	贷	990 600
	20	办理汇票	汇票#0559	100 000		贷	890 600
	25	委托付款	网银#17543	2 260		贷	888 340
	30	收货款进账	网银#19678		12 260	贷	900 600
	31	收利息	网银#20345		3 019	贷	903 619

出纳员编制银行存款余额调节表的步骤如下。

(1) 将企业银行存款日记账和银行对账单逐笔进行核对，如果是银行存款日记账和银行对账单中均有登记的款项，则同时用铅笔打"√"。

(2) 将企业银行存款日记账、银行对账单与上月银行存款余额调节表进行核对，如果上月未达账项已在银行存款日记账和银行调节表中入账，则用铅笔打"√"。

(3) 通过核对，找出未达账项。

(4) 根据上述未达账项，编制 2024 年 12 月 31 日的银行存款余额调节表（见表 7-10）。

表 7-10 银行存款余额调节表

开户行：中国工商银行无锡建业支行　　账号：204315344565289331　　2024 年 12 月 31 日止　　单位：元

摘　要	入账日期 凭证号	金　额	摘　要	入账日期 凭证号	金　额
银行存款日记账余额		884 100	银行对账单余额		903 619
加：银行已收、企业未收			加：企业已收、银行未收		
1. 收货款	网银#19678	12 260	1.		
2. 收利息	网银#20345	3 019	2.		
3.			3.		
4.			4.		
减：银行已付、企业未付			减：企业已付、银行未付		
1. 委托付款	网银#17543	2 260	1. 提现备用	现支#554	1 500
2.			2. 财产保险费	转支#6372	5 000
3.			3.		
4.			4.		
调节后的余额		897 119	调节后的余额		897 119

模块 3　工资发放

问题 1：工资发放需要做哪些准备？

每家企业都有薪酬管理制度的相关规定。一般情况下，出纳员在发放工资之前应做好以下准备工作。

(1) 从人力行政部门取得工资结算表。

(2) 确定工资发放的时间。

(3) 确定工资发放的审批流程。

(4) 确定工资发放的形式。

问题2：如何以现金发放工资？

目前，以现金发放工资的企业比较少见。

出纳员做完准备工作，就可以发放工资了。以现金发放工资的流程如下。

（1）提取现金：出纳员应签发现金支票到开户行提取现金，准备发工资。

（2）员工签名：员工应在工资结算表上签名。

（3）发放工资：出纳员发放工资，员工应现场确认金额无误并当面复点，同时鉴别现金真伪。

（4）加盖印章：出纳员将工资发放完毕，应在工资结算表上加盖"现金付讫"印章并交会计进行账务处理。

问题3：如何进行银行代发工资？

银行代发工资是企业普遍采用的工资发放形式。

银行代发工资是指企业委托银行向员工代发工资，其基本流程如下。

（1）签订协议：企业第一次办理银行代发工资业务，应先与银行签订一份《代发工资协议书》，明确双方的责任与义务及后期事项等。

（2）款项划转：企业应在银行开设一个专门用于发放工资的账户。发放工资前，出纳员应按照《代发工资协议书》约定的时间将代发工资金额划到指定账户（签发转账支票和填制进账单），同时向银行提供代发工资明细表。

（3）履约发放：银行按照《代发工资协议书》的约定和出纳员提供的代发工资明细表，按时将应发给员工的工资转入员工的个人账户，同时企业向银行支付一定的手续费。

模块4　外汇业务

问题1：什么是外汇？

外汇是货币行政当局（中央银行、货币管理机构、外汇平准基金及财政部）以银行存款、财政部库券、长短期政府证券等形式保有的在国际收支逆差时可以使用的债权，包括外国货币、外币存款、外币有价证券（政府公债、国库券、公司债券、股票等）、外币支付凭证（票据、银行存款凭证、邮政储蓄凭证等）。

问题2：什么是汇率？

汇率又称外汇利率、外汇汇率或外汇行市，是指两种货币之间兑换的比率，亦可视为一个国家的货币对另一种货币的价值。具体是指一国货币与另一国货币的比率或比价，或者说是用一国货币表示的另一国货币的价格。

按照银行买卖业务划分，外汇汇率的种类如表7-11所示。

表7-11 外汇汇率的种类

序号	汇率的名称	说明
1	买入汇率	即外汇买入价，是指银行以人民币买入外币的汇率
2	卖出汇率	即外汇卖出价，是指银行卖出外币收入人民币的汇率
3	中间汇率	即外汇中间价，是指以人民币计算的外汇买入价和外汇卖出价的平均价
4	市场汇率	是指在自由外汇市场上买卖外汇的实际汇率
5	合同汇率	是指交易双方在合同中约定的进行不同须货币折合使用的汇率
6	记账汇率	是指企业发生外币业务进行会计核算时所使用的汇率
7	账面汇率	是指企业采用的已经登记入账的汇率
8	现行汇率	是指编报日的汇率，相对于历史汇率而言

问题3：如何开立外汇账户？

企业开立外汇账户一般需要提供以下资料。

（1）营业执照。

（2）已有的银行开户许可证。

（3）法人代表身份证。

（4）进出口经营权备案表。

（5）企业公章、银行预留印鉴。

（6）企业章程。

企业开立外汇账户的步骤如下。

（1）联系开户行负责国际业务的部门，向其提交一份营业执照复印件和一份企业章程，由其向国家外汇管理局申请备案，并且认定新开国际账户的类别。

（2）到银行对公业务部，预约开户上门拍照。银行会安排客户经理到企业实地拍照。

（3）拍照以后，银行会重新预约开户时间（一般要2~3个小时）。带齐所有的资料到对公账户柜台办理即可。

（4）企业根据业务需要，选择账户结算的币种（如美元、日元、欧元等）。

（5）拿到账户以后，向银行要一个SWIFT代码，就可以接受国外公司的汇款了。

问题4：国际结算方式有哪些？

国际结算方式分为三种，即信用证、托收和汇付。

1. 信用证

信用证是一种由银行依照客户的指示和要求开立的有条件承诺付款的书面文件，一般分为不可撤销的跟单信用证和可撤销的跟单信用证。《跟单信用证统一惯例——2007年修订本，国际商会第600号出版物》规定，银行不可开立可撤销信用证。（注：常用的都是不可撤销信用证。）

信用证结算方式涉及六个方面的当事人：开证申请人、开证银行、通知银行、收益人、议付银行和付款银行。

2. 托收

托收是指出口商将开立的汇票连同货运单据交出口地银行，委托出口地银行通过进口地代收银行向进口企业收款的结算方式。托收也称单托收，根据交单条件不同分为付款交单和承兑交单。

3. 汇付

汇付是指付款人按约定的时间和条件通过银行把款项交收款人的结算方式。汇付分为信汇、电汇和票汇。

欢迎广大院校师生**免费**注册应用

华信SPOC官方公众号

www.hxspoc.cn

华信SPOC在线学习平台
专注教学

- 数百门精品课 数万种教学资源
- 教学课件 师生实时同步
- 多种在线工具 轻松翻转课堂
- 电脑端和手机端（微信）使用
- 测试、讨论、投票、弹幕…… 互动手段多样
- 一键引用，快捷开课 自主上传，个性建课
- 教学数据全记录 专业分析，便捷导出

登录 www.hxspoc.cn 检索 华信SPOC 使用教程 获取更多

华信SPOC宣传片

教学服务QQ群：1042940196
教学服务电话：010-88254578/010-88254481
教学服务邮箱：hxspoc@phei.com.cn

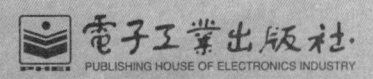

电子工业出版社 PUBLISHING HOUSE OF ELECTRONICS INDUSTRY　华信教育研究所

反侵权盗版声明

电子工业出版社依法对本作品享有专有出版权。任何未经权利人书面许可，复制、销售或通过信息网络传播本作品的行为，歪曲、篡改、剽窃本作品的行为，均违反《中华人民共和国著作权法》，其行为人应承担相应的民事责任和行政责任，构成犯罪的，将被依法追究刑事责任。

为了维护市场秩序，保护权利人的合法权益，我社将依法查处和打击侵权盗版的单位和个人。欢迎社会各界人士积极举报侵权盗版行为，本社将奖励举报有功人员，并保证举报人的信息不被泄露。

举报电话：（010）88254396；（010）88258888
传　　真：（010）88254397
E-mail：　dbqq@phei.com.cn
通信地址：北京市海淀区万寿路173信箱
　　　　　电子工业出版社总编办公室
邮　　编：100036